코끼리가 된 남자

코끼리가 된 남자

초판 1쇄 펴낸날 2018년 3월 12일

지은이 우정욱
펴낸이 이건복
펴낸곳 도서출판 동녘

등록 제311-1980-01호 1980년 3월 25일
주소 (10881) 경기도 파주시 회동길 77-26
전화 영업 031-955-3000 편집 031-955-3005 전송 031-955-3009
블로그 www.dongnyok.com 전자우편 editor@dongnyok.com

ISBN 978-89-7297-915-9 (03340)

코끼리가된 남자

자치분권시대 지방정부의 역할은 무엇인가

우정욱 지음

동녘

프·롤·로·그

2010년 시흥시청에 공보정책담당관으로 재직하기 시작하면서
원했든 원하지 않았든 간에 많은 사람들에게 주목을 받기 시작했다.

언론에도 하루가 멀다 하고 오르내렸다.
기초정부에서는 거의 드물었던 개방형 직위였고,
참여정부 때 행정자치부에서 김윤식 시장과 함께 근무했다는 것이
호기심과 궁금증을 동시에 품게 했다.

공직사회의 오래된 관행으로 봤을 때 나는 무척이나 '다른' 사람이
었다. 내가 다른 사람이 될 수밖에 없었던 건 어쩌면 당연한 일일지
도 모른다.

나는 대학생 시절 독일로 유학 가서 교수가 되고 싶었다.
80년대 시대상황을 인식하기 전까지는 말이다. 나는 '정의사회 구현', '위대한 보통사람들의 시대'를 만들겠다는 내 고향 대구의 두 명의 대통령이 참 훌륭한 지도자라고 생각했었다.

하지만 그 구호가 오늘날 내 인생 모든 것을 바꿔놨고 '정의사회 구현', '보통사람들의 시대'가 내 꿈이 되어버렸다. 또 내 꿈은 경북 사람인 내가 대구에서 김대중 대통령 선거 캠프를 꾸리고, 참여정부에서 장관정책보좌관으로 일하게 만들었다. 어느 순간부터는 이것이 운명인가 싶기도 했다. 그리고 인연이었는지, 아니 정말 운명처럼 행정자치부에서 김윤식 시장을 만났고, 이제 시흥사람이 된 지 10여 년이다.

이러한 사소한 내 이야기를 글로 쓰고, 책으로 까지 낸다는 것은 사실 부끄러운 일이다. 하지만 한번은 정리하고 싶었고, 다시 한 번 내 꿈에 대한 확신을 가지게 되었다.

나는 '시민의 꿈을 응원한다'는 표현을 많이 써왔다.
지방정부가 자치분권을 통해 시민의 꿈을 이룰 수 있다고 믿기 때문
이다.

시민이 주인이 되는 집을 만드는 일,
그것이 내 꿈의 완성일 것이다.

그리고 진짜 운명일지도 모른다.

추천의 글 – 김윤식 시흥시장

"이번에 새로 왔습니다"하면서 김 시장이 첫 출근을 알렸다.

나는 '어디서 오셨어요' 하고 물었다.

"시흥에서 왔습니다."

"시흥이 어디예요?"

이것이 내가 행정자치부 장관정책보좌관으로 일할 때 김윤식 시장과 주고받은 첫 마디다. - 본문 中에서

책을 받아들고는 순간순간 웃음이 나기도 하고, 때때로 민망했습니다. 처음 우정욱이란 사람을 만난 때를 잊지 못합니다. 눈빛이 뭔가 남달랐지요. 장난꾸러기 같으면서도 철학적인 속내가 있는 사람이었습니다.

그는 저 때문에 시흥에 왔다고 생각할지도 모르겠습니다. 하지만 저는 시흥에 왔을 사람이라고 생각합니다. 기초정부가 어떤 역할을 해야하는 지 늘 고민해왔던 사람입니다.

보수의 본거지, 대구경북에서 손가락질 받으면서도 김대중 대통령 후보 캠프를 꾸린 바보같은 사람. 어느 누구도 생각지 못했던 호민관, 시흥아카데미를 기획하고 잔디산업을 일궈낸 사람. 비웃음과 냉대 받았던 시청 청사 재배치, '배곧' 신도시의 이름을 짓고, 바라지 브랜딩을 해낸 사람.

그 사람을 제대로 알려면, 그 사람의 친구를 보라고 했습니다. '김윤식의 친구, 우정욱', '우정욱의 친구, 김윤식'. 그가 항상 자랑스러웠습니다. 앞으로도 그럴 것이라 믿어 의심치 않습니다.

저자 우정욱 부위원장님과는 2017년 자치분권대학의 개교를 기회
로 알게 되었다. 자치분권대학을 기획하고 운영하시는 모습, 함께한
TV 대담을 통하여 자치분권에 관한 신념이 매우 강한 분이라고 생각
하고 있었다. 그 인상이 늘 깊게 남아 있었다. 그러던 차에 "코끼리
가 된 남자"라는 저서를 읽고 그분의 생각과 철학에 대한 확신을 갖
게 되었다.

"코끼리가 된 남자"는 유학을 꿈꾸던 저자 우정욱이 김윤식 시장
을 알고 시흥 사람이 되기까지의 과정을 어머니가 자식에게 이야기
들려주듯이 편안하게 서술하고 있다.

저자는 "한 도시에 주류를 바꾸는 일이 얼마나 의미 있는 일입니
까"라는 김윤식 시장의 권유로 시흥시에 관심을 갖기 시작하여 이제
는 몸과 마음으로 시흥시민이 되는 과정을 적고 있다.

"우리가 서로 한 번에 해답을 얻을 수는 없을 테니 처음엔 내가 90

프로를 그대로 두고, 매년 10프로씩을 바꿔보는 것은 어떻겠습니까. 저를 도와주십시오. 그렇다면 10년 후에는 분명 바뀌지 않겠습니까?"라는 말에서 변화를 추구하되 과격하지 않고 매우 이성적인 그의 성격을 보여 주고 있다.

"잡상인 출입금지"라는 표지를 "영업활동에 고생이 많으십니다. 우리 부서에서는 근무시간에는 물건을 사드릴 수 없으니 양해해 주십시오"라는 문구는 우정욱 총장의 따뜻한 인간애를 보여주고 있다.

과거에는 "아무나 들을 순 없지만 어디서나 들을 수 있는 강의, 배움이 먹거리로 이어지고 소통으로 연결되는 학교"를 만드는 일이 그의 꿈이었다.

이제는 "시민이 주인이 되는 집을 만드는 일,

그것은

저 우정욱의 꿈이며,

제가 새로운 길을 나서는 이유입니다"라고 적고 있는 이 책은 저자 우정욱이 시흥시민의 심부름꾼이 될 것을 약속하는 문서이다.

"코끼리가 된 남자"는

어려웠을 때 원칙을 지켰던 저자,

"소통코끼리를 넘어 동물농장으로 듣는 것도 노력이 필요하다"는 저자, 시흥시의 정체성을 고민하는 저자를 마음깊게 이해할 수 있는 도서이기에 한 번씩 읽어 보기를 적극적으로 권한다.

목 차

세상은 어떻게 생겼을까
왜 어느 나라는 부유하고, 누군가는 가난할까?
독일유학을 접게 한 '광주'
범생이 대학생, 거리로 나서다
자취방이 도청당하다
대구에서 DJ 캠프를 꾸리다

1장

청년 우정욱

세상은 어떻게 생겼을까

바쁜 일상 속이지만 어느 때는 나도 모르게 무심결에 집어 든 책을 보면서 엷은 미소를 짓고는 한다. 「시흥 땅 이름에 남아있는 향기」 「낮은 기억을 기록하다」 등 시흥의 지리와 풍토, 역사와 문화를 담은 책인 경우가 많기 때문이다. 어느 지역을 가더라도 그 지역의 지리와 역사에 각별한 관심을 기울이는 것은 내 오래된 습관이자 '우리 땅'에 대한 변함없는 애정 탓이다. 그런 나를 만날 때면 내 어린 시절과 고향 산천도 함께 떠오른다.

내 고향은 경북 구미이다. 좀 더 구체적으로 얘기하면 선산군이다. 1978년에 선산군 구미읍과 이웃 칠곡군 인동읍을 통합하여 구미시가 탄생하였고, 1995년에는 내 고향 선산군마저 통합돼 지금의 구미시가 됐다.

이중환의 「택리지」에는 "선산은 산천이 청명하고 빼어나다", "영남 인재의 반은 일선(선산의 신라 때 이름)에 있다"는 표현이 나온다. 이런 얘기는 다른 지역 분들 앞에서는 가급적 삼가면서 조심하지만 내 나름 고향에 대한 애정과 자부심은 크다.

선산은 황악산과 덕유산의 동쪽 물을 받아쓰는 한편 산세가 장엄한 금오산을 거느리고 있다. 고려가 망하면서 낙향한 야은 길재선생이 선산에서 금오서원을 열어 후학을 가르쳤고, 그 후학들이 사림의 거두인 김종직, 김굉필 등이니, 16세기의 선산은 아시아 최고의 대학이라 해도 과언이 아닌 셈이다.

초등학교 6학년 친구와 함께

초등학교 6학년 가을소풍

고향 어른들이 들려주는 마을의 역사와 택리지 같은 지리지를 자주 접했기 때문일까? 중학교 때부터 나는 우리나라는 물론 세계 곳곳을 내 눈으로 보고 싶다는 욕구가 컸다.

그런 생각 때문이었을까? 고등학교 원서를 쓸 때는 작은 에피소드도 있었다. 중학교까지 고향 선산에서 자란 당시의 어린 내게 대구는 큰 도시였다. 나는 대구에 있는 고등학교에 진학하여 더 넓은 세상에서 공부하리라는 굳센 마음을 먹었다. 그리고 확고한 내 뜻을 담임선생님을 찾아가서 말씀 드리고 원서를 써 달라고 부탁드렸다. 그런데 담임선생님은 "모든 지원을 아끼지 않을 테니 우리 지역에 있는 고등학교에 가라"며 원서를 써 주지 않으셨다.

코끼리가 된 남자

아무리 사정을 해도 담임선생님의 뜻이 바뀌지 않자 중학생 까까머리의 나는 당시 대중교통이 불편한 시골집을 나서서 몇 번이나 차를 갈아타면서 구미시 교육청을 찾아가 "학교에서 원서를 써 주지 않는다"며 민원(?)을 제기했다. 이런 나의 당돌한 얘기를 듣던 교육청 담당자의 황당해 하던 표정이 지금도 생생하다.

　　다음날 등교를 했더니 담임선생님은 처음에는 기가 찬 표정으로 나를 맞더니 잠시 후, 빙그레 웃으시며 "네 뜻이 정 그렇다면 대구에 가서 열심히 공부하라"며 원서를 써 주시고 어깨를 두드려 주셨다. 그 후로도 쭉 이어진 나의 '스승 복'은 그때부터 시작된 것 같다.

고등학교 2학년 수학여행(가운데 기타 치는 학생)

왜 어느 나라는 부유하고, 누군가는 가난할까?

대학교 2학년

대구에서 고등학교를 졸업할 즈음, 나는 독일로 유학을 가서 지구학을 공부하여 교수가 되고 싶다는 구체적인 꿈이 생겼다. 지금도 지구학을 생각하면 가슴마저 두근두근한다.

용어 자체가 조금은 낯설게 느껴질 수도 있는 지구학이지만, 그러나 지구학은 어쩌면 우리의 일상생활과 가장 가까운 학문 중의 하나이자, 누구나 한 번쯤은 궁금하게 여겼을 법한 분야다.

문명은 어떤 특정한 자연환경을 배경으로 하여 태어나며, 그 문명은 다시 자연환경을 어떻게 바꾸는지를 연구하고 답을 찾아가는 학문이 지구학이다. 왜 특정한 경제구조 하에서 특정한 문화가 생겨나는지, 왜 미국은 부자가 되고 또 다른 어떤 문화에 속한 사람들은 가난에서 벗어나지 못하고 힘들게 살아가고 있을까?

지구학은 이러한 불균등 발전의 원인이 지리, 즉 땅에 있을 거라고 봤다. 당시 독일은 가장 열심히 지구학을 연구하던 나라였다. 새로운 땅, 신대륙을 찾아서 돈을 버는데 정신을 빼앗겼던 다른 탐험가와는 달리 독일의 훔볼트는 오직 과학적 발견과 연구를 위해 탐험을 했던 학자이자 휴머니즘 사상가였다. '자연 지리학의 아버지' 훔볼트가 살았던 나라에서 공부한다는 건 그 시절 나에게 꼭 이루고 싶은 꿈이었다.

하지만 독일의 교육과정은 초·중·고 13학년제로 우리와는 달랐기 때문에 국내 고등학교를 졸업하고 바로 독일 대학으로 진학할 수가 없다. 국립대학을 2년 이상 다니면 독일 대학 입학 자격이 주어진다는 사실을 알고 나는 그야말로 묻지도 따지지도 않고 경북대학교에 입학했다.

대학에서의 공부가 독일 유학의 발판이 될 거라는 생각만 하고 캠퍼스에 들어섰던 나. 그러나 모두들 알고 있듯이 인생은 계획대로만 움직여주는 건 아니었다. 또 1980년대 우리나라의 대학은 모든 걸 잊고 공부에 몰입할 수 있는 환경은 더욱 아니었다.

독일유학을 접게 한 '광주'

입학 당시에는 모든 게 순조로웠다. 목표가 분명하고 공부하려는 의지가 강했던 나를 교수님은 예쁘게 보셨는지 당신 연구실에서 함께 공부할 수 있도록 자리를 마련해 주셨다. 대학 신입생이 대학 연구실에 자리를 받는 것은 매우 이례적인 일이었다.

나 역시 워낙 관심이 많았던 공부를 본격적으로 생각에 연구실에 들어갔고, 오로지 책만 파면서 공부에 몰두했다.

그러나 사회에 대해 아무것도 몰랐던 '범생이'의 대학생활은 결코 순탄치 않았다.

그렇게 고3 시절과 다름없는 하루하루를 보내던 어느 날, 우연한 기회에 광주민주항쟁에 관한 이야기를 듣게 되었다. 지금이야 오랜 시간, 많은 사람들의 노력으로 책이 다양하게 출간돼 있고 '1987' 등 영화로도 여러 편 만들어졌지만 당시에는 그렇지 않았다.

자신이 적극적으로 알고자 하지 않으면 '폭도들이 일으킨 사태'라는 정권의 말을 그대로 믿게 되는 어처구니없는 상황이었다. 당시 광주항쟁 기록 사진을 보고서 내가 받은 충격과 갈등은 너무나도 컸다. 아마도 나와 같이 대학을 다닌 이른바 386세대 중 많은 사람들이 비슷한 경험을 했을 것이다.

그 후 리영희 교수의 「전환시대의 논리」「베트남전쟁」 등 사회 문제를 다룬 책들을 닥치는 대로 찾아서 읽었다. 왜 그렇지 않겠는가? 아무것도 모르고 오직 자신의 관심사만을 들여다보던 청춘의 눈에 이해할 수도, 납득할 수도 없는 불합리고 폭력적인 세상이 펼쳐지기 시작했으니 이것은 당연한 일이었다.

여름방학이 되자 마음이 복잡했던 나는 뚜렷한 계획도 없이 무전여행을 떠났다.

배낭에 침낭과 코펠, 김, 고추장, 티셔츠 두어 장만 챙겨 무작정 집을 나섰다. 돈이 없으니 차를 얻어 타려고 우선 고속도로 톨게이트로 갔다. 그런데 차를 얻어 타기도 전에 그만 경찰한테 붙잡히고 말았다.

"여기 수상한 놈이 있다"며 경찰은 배낭을 모두 뒤졌다. 광주민주항쟁의 진실이 천주교를 중심으로 번져나갈 조짐이 있었기 때문에 경찰은 '수상한 대학생'의 동태에 늘 신경을 곤두세우던 시절이었다. 경찰은 당시 김민석 서울대총학생회장을 만나러 서울에 가는 길이 아니냐며 나를 추궁하기도 했다.

우여곡절 끝에 드디어 이불장사 아저씨의 봉고차를 얻어 탈 수 있

대학교 1학년 MT

었다. 이불이 잔뜩 실려 있는 짐칸에서 잠시 눈을 붙이고, 휴게소에
서 아저씨한테 컵라면도 얻어먹으며 서울로 왔다. 새벽 2시, 이불장
사 아저씨는 제3한강교 앞에 나를 내려줬다.

지금처럼 휴대폰도 없던 시절, 그 시간에 누구에게 연락을 하며 어
디로 누구를 찾아 갈 수 있겠는가? 나는 무려 5시간을 걸어 경희대
앞에서 하숙을 하던 친구를 찾아갔다.

친구집에서 이틀을 머물다가 강원도로 여행을 떠났다. 그리고 탄
광촌과 시장, 농촌의 작은 마을과 바닷가 마을, 이곳저곳을 두루두루
돌아보면서 그동안 내가 알던 한국 사회와는 너무나도 다른 현실을
새삼 깨달았다.

범생이 대학생, 거리에 나서다.

2학기가 시작되고 다시 학교로 돌아온 나는 교수님의 만류를 뿌리치고 연구실을 나왔다. 그리고 유학의 꿈도 접었다. 유학 준비에 매진했던 나로서는 참으로 힘든 선택이었다. 어디까지나 스스로 판단하고 선택한 일이었지만, 워낙 오랫동안 가꾸어오던 결심을 바꾸는 과정이었기에 늘 애잔함으로 남아있다.

이제 나에게 남은 일은 운동권 선배를 찾아가는 것이었다. 독서토론 모임에도 가입하고, 얼마 후 처음으로 운동권 집회에 참여도 하게되었다. 당시는 총학생회가 만들어지기 전이어서 학생집회를 하면모이는 사람이 불과 100여 명 수준이었다. 그래서 누가 얼굴을 볼 새라 마스크를 쓰고 스크럼을 짜고 어깨를 맞대고 교문을 향해서 행진을 했다.

아직 범생이 끼가 남아있어서 일까! 다리가 후들거리고, 등줄기에서 식은땀이 흘렀다. 과연 이렇게 하는 것이 옳은 것인가. 부모님 얼굴이 눈앞을 스쳐갔다. 그렇게 첫 번째 집회가 흘러가고, 내가 데모대에 가입했다는 소식이 학과에 알려졌다. 당시 학과장이었던 교수님이 나를 부르셨다. 학과 사무실을 찾아가니, 부모님을 모셔오라는 것이었다. 다행히 당시 지도교수님이 '학과장이 무슨 권리로 부모님을 모셔 오라할 수 있는가' 라며 내 편을 들어주셨다.

하지만 이미 기관을 통해서 나의 학교생활은 부모님께 알려진 상황이었다. 알고 보면 학과장님 역시 누군가에게 정보를 듣고 나를 불렀을 것이다. 다음날, 아버지가 새벽같이 내 자취방으로 찾아오셨다. 다행스럽게도 크게 혼내거나 많은 말씀은 안하셨지만 근심이 가득한 표정이셨다.

난 단호하게 내 의지를 보였고, 아버지는 교수님을 만나러 호출 받은 학교로 가지 않으시고 '우짜던동 몸 조심 해라' 하시며 나를 두고 고향으로 돌아가셨다.

그 때부터 자취방만 옮기면 정보기관에서 신기하게도 하루이틀이면 찾아올 정도로 집중적인 관심을 받으며 대학생활을 했다. 그때의 나에게 대학생활이란 책을 읽고 토론하고, 집회에 참여하고, 운동권 숫자를 늘리는 것이었다.

그렇게 나의 86, 87년은 지나가고 있었다.

자취방이 도청당하다

6월의 어느 날, 무심코 자취방 전등을 켜 놓고 학교에 갔다. 밤늦게 집에 오니 모기가 기승을 부리고 있었다. 모기를 쫓을 요량으로 창문을 여는데 나무 창틀이 빠지면서 창틀 모서리에 작은 기계가 하나 달려 있었다. 누군가가 창틀을 떼어내고 넣어둔 것이었다. 이게 뭔가 싶어 이리저리 살펴보다 스위치를 내린 나는 깜짝 놀라고 말았다. 말로만 듣던 도청기였다. 얼마 전부터 갑자기 MBC방송이 잘 나오지 않아 기이하게 여겼던 일까지 떠오르면서 여러모로 머리카락이 쭈뼛쭈뼛 서는 순간이었다.

얼마나 놀랐던지 그날로 짐을 챙겨 방을 비우고 나왔다. 도청기 하나에 뭐 그리 놀라나 싶겠지만 당시의 사회분위기는 그럴 만도 했다. 아니, 요즘이라고 다르겠는가? 누군가 내가 무슨 말을 하는지, 누구를 만났는지 일거수일투족을 감시하고 있다고 생각하면 그 누군들 기겁하지 않겠나?

급기야 나는 "이번 일이 누구의 소행인지 경찰서장은 범인을 꼭 잡아 달라"며 학내에서 친구들과 기자회견을 열었다. 이 일은 당시 방송뉴스에 보도되기도 했다.

기자회견을 연 그날 오후에도 놀라운 일은 계속됐다. 느닷없이 동사무소 직원이 찾아와서는 군대를 가야한다는 것이었다. 당시 나는 동생이 군복무 중이었기 때문에 입영 연기가 가능한 상황이었다.

나는 군 연기 중임을 밝히며 왜 가야하냐고 물었다. 그러자 동사무소 직원은 우리 동에서 20명을 보내야 하는데 1명이 부족하니 꼭 군대를 가야한다며 사정을 하기 시작했다. 나는 '군대를 가는 사람 숫자가 동별로 인원이 정해 있다는 이야기는 처음 듣는다'며 반문했다. 그리고 연기 중에 군에 갈 수 없다고 말하고 돌려보냈다.

하지만 다음날 아침, 그 동사무소 직원은 되려 10일 뒤에 육군에 입대하라는 입영 영장을 들고 찾아왔다. 황당하기 그지없었다.

"무슨 영장을 이렇게 번개같이 만들어 옵니까, 더구나 바로 옆에 공군부대가 있는데 한 시간 넘게 버스를 타고 가는 육군부대에 당신 같으면 가겠습니까. 나는 나중에 공군 갈 거니까 그 멀리 육군 갈 생각 없어요."

황당함이 섞인 나의 항변이었다.

그러자 동사무소 직원은 '그럼 공군부대로 가라면 가겠느냐'고 물었고 나는 호기롭게 '당연히 그렇게 하겠다'고 대답해버렸다. 실로 어처구니가 없는 일이 일어난 것은 그 다음 날이었다. 그 동사무소 직원이 입영 기일이 3~4일이 남은 공군부대 입영 영장을 들고 찾아온 것이다. 그 직원은 '너무 촉박한데 갈 수 있을지' 하고 멋쩍게 웃기까지 했다. 어차피 군대 갈 나이가 꽉 찼으니 더 이상 미룰 수도 없는 처지였다. 그렇게 나의 뒤늦은 군 생활은 어느 날 갑자기 공군부대 방위가 되면서 시작됐다.

제대 후 복학은 했지만 학생운동권의 일원으로 사회·정치적 문제에 모든 관심을 쏟으며 대학생활에는 전혀 관심이 없는 동안 학점은 턱없이 모자랐고 급기야 제적에까지 이르렀다.

그러던 어느 날 우연히 목욕탕에서 교수님을 만났다. 교수님은 등을 밀어달라며 나를 부르셨다. 교수님은 '너는 도대체 어떻게 하려고 하느냐, 아무 소리 말고 내 말을 따라라, 꼭 졸업해야 한다' 며 이런 저런 말씀을 하셨다. 한숨을 내쉬시며 반드시 다시 공부해서 꼭 졸업을 해야 한다고 당부에 당부를 거듭하셨다.

대다수 교수들이 학생운동권에 대해 거부감을 갖고 내치기 일쑤였지만 나는 무슨 복인지 그렇지 않은 분을 지도교수로 만났다. 교수님은 개인적인 여러 가지 곤란함을 무릅쓰고 나를 재입학시켰고 나는 오랫동안 다니던 학교를 무사히 졸업할 수 있었다.

대학원에 꼭 진학하여 공부를 계속하라는 교수님의 당부도 있었고 나 역시 뒷전이던 공부에 다시 목이 말랐기 때문에 대학원에 진학하였다. 그리고 대학원에서 만큼은 진지하게 공부에 몰두하며 시간을 보냈다. 모두가 교수님 덕분이었다. 시간이 흘러 태산 같은 은혜를 입은 교수님이 돌아가시던 날, 나는 경북대 병원 장례식장에서 목 놓아 서럽게 울었다.

대구에서 DJ 캠프를 꾸리다

1987년은 우리나라 국민 모두에게 특별한 한 해였지만 나에게도 잊을 수 없는 기억을 남겼다. 그해의 경험이 어쩌면 지금까지의 내 삶에 영향을 미치고 있는지도 모르겠다.

6월항쟁으로 직선제를 쟁취하고 이번에는 기필코 군사정권의 그늘을 벗어나는구나 하는 희망속에서 제13대 대통령 선거가 시작되었다. 그러나 김대중과 김영삼 후보를 둘러싼 야권의 분열, NL(민족해방)과 PD(민중해방)로 나뉘어졌던 학생운동 진영의 대립으로 1987년은 그야말로 거대한 희망과 혼란이 공존하는 시기였다.

김대중 후보의 가치를 믿고 지지했던 나는 그가 승리하길 고대했다. 그렇지만 지역주의가 극에 달해있던 1980년대에 대구에서 김대중 후보를 지지하는 일은 참으로 무모하면서도 한편으로는 위험한 일이기도 했다. 김대중 후보의 대구 두류공원 유세는 주먹만 한 돌을 집어던지며 훼방을 놓는 깡패들의 출현으로 그야말로 난장판이었다.

그러나 민주진영의 분열과 혼란의 대가로 엄청나서 제13대 대통령 선거에서는 전두환의 후계자인 노태우 후보가 당선되는 결과를 낳고 말았다.

이후 제14대 대통령 선거에서 김영삼 후보에게 패한 김대중 선생은 제15대 대통령 후보로 다시 대선 후보로 나섰다. 김대중 후보 지지자들에게는 "이번이 정말 마지막"이라는 간절함이 컸다. 하지만 상황은 역시 만만치가 않았다. 대구의 운동권 선배들조차 다수가 조순 후보를 따라 신한국당에 입당할 정도였으니 대구·경북지역에서는 정말이지 선거운동 할 사람을 찾아보기가 어려웠다.

그렇다고 손 놓고 있을 수는 없어 후배들 몇몇과 논의하여 일방적으로 선거캠프를 꾸렸다. 그후 캠프 일정 등을 수립하려면 김대중 후보 선거대책본부와 연결을 해야 했다. 알고 보니 서울 본 캠프에서도 대구에 캠프를 차리는 것이 큰 과제였다.

김 대통령이 직접 캠프 구성을 지시하고, 서울에서 국회의원들의 비서진이 대구경북을 지원하기 위해 다녀가고는 했지만 지역을 잘 아는 사람들 없어서 곤란을 겪고 있었던 것이다. 그런 상황에서 우리가 캠프를 꾸렸다는 소식이 전해지자마자 서울에서 지원단이 도착했다.

나는 경북대를 비롯해 대구·경북지역의 김대중 후보 방문 일정을 짜며 3개월 정도 선거캠프를 꾸려갔다. 고향이 대구였던 당시의 추미애 의원은 '추다르크 유세단'을 꾸려서 도심 곳곳을 다니면서 유세를 시작했고 나는 추다르크 유세단 지원활동도 했다.

당시 추미애 의원은 인지도가 높고 추다르크로 명성이 자자했으나 상황 상 지역에서는 내가 계획한 일정을 일부 따를 수밖에 없었다. 추의원도 조금은 황당한 상황이었을 터. 나에게 정말 궁금한 표정으로 "그런데 선생님은 누구세요?"라고 물었던 기억이 난다.

우리 대구·경북지역 캠프의 주요 타깃은 청년, 노동자층이었다.

2016년 이희호 여사께 새해인사 드리는 자리에서

경북대학교 중앙도서관 지하의 유세 계획을 잡고, 김 대통령 일정과 조율하려는데 문제가 하나 발생하였다. 후보자가 지하로 내려올 수 있냐는 것이었다. 당시 상대 후보 측은 김대중 후보의 건강이 나쁘다며 네거티브 전략을 쓰고 있었는데, 사실 우리도 다리가 안 좋으셔서 계단을 내려가시는 게 불편한 것은 아닌지, 어떻게 판단해야 할지 난감했다.

논의 후 내린 결론은 수행비서 '○○○'이라는 사람에게 묻는 방법밖에 없다는 것이었다. 그러나 묘하게도 '○○○'의 번호를 아는 사람이 아무도 없었고, 혹시나 해서 내가 아는 '○○○'에게 전화를 해보니 김 대통령 비서 '○○○'이었다.

후보자 유세 일정이 잡히고, 김대중 후보는 너무나도 가뿐히 지하로 내려가서 기분 좋게 유세를 마쳤다. 3개월 캠프를 꾸리는 동안 김대중 후보도 두어 번 내려오시곤 했는데 굉장히 좋아하시던 표정이 눈에 선하다. 당시까지도 김대중 후보에 대한 대구의 분위기는 살벌하기 그지없었으니 선생의 입장에서도 대구의 선거캠프를 대하는 마음은 남달랐으리라.

그 어려운 상황에서도 어쨌든 김대중 선생이 대통령에 당선됐고, 당선자 신분으로 고맙다는 전화까지 해 주셨으니 그때의 고생은 그야말로 사서 한, 즐거운 고생이었다.

15대 대통령선거 벽보

김대중 대통령

시흥에서 오셨다고요?
모든 게 극적이던 '김윤식캠프'

2장
―
김윤식을
만나다

시흥에서 오셨다고요?

나의 공직생활은 참여정부에서 행정자치부 장관정책보좌관이 그 시작이다. 어느 날 행정자치부에 소문이 돌았다. 제정구 의원 비서로 일하던 이가 청와대의 소개로 행정자치부에 온다는 것이었다. 직원들의 여론은 대체적으로 부정적이었다.

그러나 평소 제정구 의원을 존경해왔던 나는 내심 기대를 가졌다. 제정구 의원을 평소 존경해 왔던 나는, 빈민운동에 투신하여 막사이사이상까지 수상한 제정구 의원의 비서를 지냈다면 분명히 나와 여러모로 가치관이 맞을 것으로 생각했던 것이다. 호기심을 가지고 새로 출근할 김 시장 방의 책상도 닦아놓고 했다.

"이번에 새로 왔습니다"하면서 김 시장이 첫 출근을 알렸다.

나는 '어디서 오셨어요' 하고 물었다.

"시흥에서 왔습니다."

"시흥이 어디예요?"

그 때까지 나도 제정구의원의 지역구가 시흥이란 걸 염두에 두지 않고 있었다.

이것이 내가 행정자치부 장관정책보좌관으로 일할 때 김윤식 시장과 주고받은 첫 마디이다. 그때 이후 오랜 이야기를 통해 김윤식 시장이 내 또래에서는 볼 수 없는, 사람의 향기가 난다는 것을 알았다. 그것에 나는 매료됐다.

그렇게 우린 죽이 잘 맞는 친구가 됐다. 외부에서 손님이 오거나 조직 내 중요한 일에는 늘 함께 다녔다. 저녁에 술을 먹을 일이 있으

행정자치부 근무시절_개성공단 방문

41

행정자치부 근무시절_평창동계올림픽 유치를 위한 현장방문

면 대리기사를 자처해 김 시장을 시흥까지 모셔다 드리기도 여러 번 했다.

나는 그가 행정자치부 안에서 빨리 자리를 잡을 수 있도록 어디를 가든 이곳저곳 함께 다녔다. 그 때문에 장관은 나더러 "당신은 김윤식의 보좌관이냐"는 핀잔을 줄 정도였다.

모든 게 극적이던 '김윤식캠프'

김 시장이 행정자치부 생활을 끝내고 시흥으로 돌아가 정치인으로서의 삶을 준비할 때도 나는 여전히 행자부에 남아있었다. 그리고 멀리서나마 그가 정치인으로, 또 한 사람의 자연인으로서 성공적인 인생을 살길 빌었다.

그후 참여정부가 끝나고 정권이 바뀌면서 나 역시 대구로 내려가 경북대 사회과학연구원 기획실장으로 새로운 길을 걷고 있었다.

행정자치부 시절 뜻과 마음이 통한 것이 서로에게 위안으로 남았던 것일까. 거리가 많이 떨어진 대구와 시흥 사이이었지만 김 시장과 나는 연락을 놓지 않고, 매일 통화하며 지냈다. 2008년 말, 김 시장은 나에게 시흥시장 보궐선거에 출마한다는 이야기를 전했다.

주말이면 그를 응원하기 위해 대구에서 시흥까지 차를 끌고 올라왔

2009년 김윤식 시장 보궐선거 출마 기자회견

지만 한 눈에도 '여러 모로 어렵게 선거를 준비하고 있구나' 싶었다.

어쨌거나 당의 공천을 받는 일이 우선이었는데 안타깝게도 김 시장이 공천에서 떨어지고 말았다. 나는 공천 탈락 소식을 듣고 김 시장과 온천에 가서 며칠 쉬고 올 요량으로 시흥으로 달려왔다.

그런데 웬걸? 선거사무실에는 아무도 없고 김 시장은 전화도 받지 않았다. 도대체 무슨 일일까? 걱정이 되어서 안절부절 못하고 있는데 오후 3시쯤 김 시장이 떡하니 공천장을 들고 나타난 게 아닌가?

애초에 공천을 받았던 후보가 이런저런 이유로 사퇴하고, 극적으로 김 시장이 다시 공천을 받게 된 상황이었다. 선거가 20일 밖에 남지 않은 시점이었다. 나는 사나흘만 시흥에 머물다 경북대가 있는 대구로 내려갈 계획이었는데 그만 선거사무실에 발목이 잡히고 말았다.

당에서도 부랴부랴 선거 지원을 위해 도당 사무처장을 시흥으로 내려 보냈다.

도당 사무처장은 이전부터 내가 알고 있는 사람이었다. 사무처장은 "지금 도와줄 사람도 없으니 네가 꼭 있어야 한다"며 다른 생각 말고 모든 것을 맡아서 해야 한다고 단호히 말했다.

아무 준비도 없이 올라온 길이었고 학교 측에도 무어라 설명할 기회도 없이 벌어진 일이었다. 워낙 준비가 부족한 선거였기에 나 몰라라 대구로 내려갈 수도 없었다. 학교에 팩스로 사직서를 전달하고 미처 반납도 못한 법인카드는 잘라버렸다. "해명을 하든, 욕을 먹든 나중에 차차 하겠습니다"라는 말 외에는 달리 할 말이 없었다.

본격적인 선거전이 벌어졌지만 여론조사 결과는 늘 불리했다. 나는 시흥에 오랫동안 거주하면서 시흥을 누구보다 잘 알고 아끼는 김윤식이 시장이 돼야 한다는 점을 시민들이 알아주길 바랐다.

상대 후보가 부천에서 이사 온지 얼마 되지 않았다는 사실을 안 우리는 김윤식이 '시흥사람'이라는 점을 강조했다. '제대로 된 시흥사람이 적합하냐, 아니면 부천사람이냐'라는 대결구도로 드디어 승기를 잡기 시작했다.

그리고 내 벗 김윤식은 불과 1,100표 차이로 보궐선거에서 승리하면서 '김윤식 시장'이 되었다.

백수가 되다

시흥에 세 곳 밖에 없는 도서관

안산과의 통합이 웬말입니까?

시흥 청소년 국제교류는 지방정부의 몫

마지막 숙제, 2010년 선거

3장

시흥에
뛰어들다

백수가 되다

2009년 그렇게 보궐선거는 끝이 났다. 하지만 나는 선거가 끝나고 무엇을 할 것인가를 생각해 본적이 없었다.

4월 29일 밤 11시 쯤 당선자가 발표되고, 김윤식 시장은 4월 30일 시청으로 출근했다. 당연한 것이었지만, 미처 생각하지도 못한 상황이었다.

4월 30일 시장 취임식이 있었다. 딸을 시집보내는 기분이 이러할까. 굉장히 마음이 허전했다. 내게 남았던 것은 고소고발 뒤치다꺼리, 선거 회계정리였다.

상대후보가 선거 며칠 전 허위사실 공표로 고발을 해왔던 것이다. 고소고발을 마무리한다고 뜨거운 여름날을 친구 하나 없이 선거 사무실에서 보냈다. 시흥에 아는 사람이라고는 김윤식 하나 밖에 없었다. 김 시장은 업무에 몰두하고, 나는 무혐의를 받기까지 5~6개월의 시간을 흘러 보냈다.

정신을 차려보니 정말 갈 곳이 없었다. 김 시장은 나에게 시흥에서 함께 정치를 해보자고 했지만 나는 그 말이 크게 와 닿지 않았다. 백수생활은 계속 이어지고 시흥에 오는 것 자체가 싫어지기까지 했다.

할 일이 없었다. 자전거로 시흥을 누비는 것만이 나의 유일한 낙이었다. 아이러니컬하게도 갯골부터 오이도까지, 시흥 여기저기를 자전거로 누비면서 그렇게 난 시나브로 '시흥 사람'이 되어 가고 있었다.

2009년 김윤식 시장과 소래포구에서

몇 달이 또 흐르고, 내가 백수로 계속 지내는 것이 미안했던지, 김 시장은 나에게 정책기획단 사무국장직을 공모하는데 지원해 보는 것이 어떻겠냐고 했다.

정책기획단 사무국장은 주 20시간에 8급 상당의 직위였다, 월급은 100만 원 남짓이었다. 어차피 당장 해야 할 일거리도 없고, 아는 사람도 없는 형편에 등 떠밀리듯 지원하여 정책기획단 사무국장을 맡았다. 사무국장을 맡고 도시 행정 내부를 들여다보니, 이 도시에 얼마나 할 일이 많은지, 행정의 역할이 얼마나 중요한지 보이기 시작했다.

시흥에 세 곳 밖에 없는 도서관

하지만 고백하자면 정책기획단 사무국장 일을 오래 할 생각은 아니었다. 그래도 짧은 기간 의미 있는 두어 가지를 하려고 생각했다. 아이들 교육 인프라가 제대로 갖춰지지 않고는 시흥이 정주하는 도시가 아니라 그저 거쳐 가는 도시에 머물 수밖에 없으니 조금이나마 아이들에게 보탬이 되는 정책을 추진하고 싶었다.

첫째, 걸어서 10분 내에 도서관이 있는 도시, 두 번째는 청소년 국제교류 활성화를 이루고 싶다는 다짐을 했다.

2009년 당시 시흥에는 도서관이 세 곳에 불과했다. 기본적인 체계도 갖추지 못한 상황이었다. 같은 공공도서관인데도 정왕동은 '시립' 도서관이고, 대야동은 '그냥' 도서관이었다. 도서관 자체의 비전이 없으니, 직함도 공무원 직급을 그대로 가져와서 쓰기도 했다. 정왕동 도서관 관장은 5급이라 관장님이라 부르고, 대야동 도서관은 관

공공도서관 발전 워크숍

코끼리가 된 남자

장 역할을 하고 있음에도 6급이라 계장님이라 부르고 있었다. 한 도서관의 관리 책임을 맡고 있는 사람들은 그 도서관의 주인으로 자부심을 갖고 일해야 한다. 공직사회의 오랜 관행을 벗어나는 것을 매우 두려워 한다. 이전의 근무 형식에서 벗어나는 것을 극도로 어려워하여 도서관이 시청의 파견근무지가 되어서는 아무것도 할 수가 없는 것이다.

'걸어서 10분 안에 도서관이 있는 도시'
'시민이 직접 계획하고 운영하는 도서관이 있는 도시'

두 가지를 목표로 소위 우리나라 강호 고수들을 불러서 몇 차례의 도서관 발전 워크숍을 열었다. 당시만 해도 시민들이 주도하는 정책에 대해서 불신이 컸고, 재정도 열악했기 때문에 어려움이 많았다.

도서관을 이끌어나갈 사람도 필요했다. 당시 도서관은 민간위탁 계획을 세워두고 있는 터여서 공직 내부는 사서직을 중심으로 반발이 일어나고 있었다. 전임 시장이 행정조직 인력을 운영하면서 행정자치부의 권고를 따르지 않아 인력충원에 패널티를 적용받는 터였다. 답답한 마음에 행정자치부로 향했다. 긴장한 행정과 직원을 데리고 차관님을 만나 시흥의 어려움을 토로 했다. 다행히 긍정적 답변을 듣고 돌아와 민간 위탁 없이 도서관 사업을 진행하게 되었다.

맹꽁이 책방

난 시장님께 '도서관장만은 정말 사명감을 가지고 잘할 수 있는 인재가 맡았으면 좋겠습니다' 라고 건의했다.

많은 사람들은 내가 측근이니 인사개입을 한다고 의심하지만 이것이 개입이라면 처음이자 마지막 개입 이었다..

지금 시흥은 자원활동가 도서관 희망씨가 자리를 잡아 활발히 활동하고 있고, 30곳이 넘는 크고 작은 도서관이 세워졌다. 독서사랑방도 30개 가까이 되고, 정왕역에는 스마트 도서관도 생겼다.

얼마 전 매화도서관 6주년 기념식에 다녀왔는데, 자랑스럽고 대견했다.

그렇지만 지금이 바로 양적인 성장을 넘어, 한 번 더 질적 변화를 꾀할 때이다. 시흥시 도서관은 더 큰 꿈을 꾸어야 한다. 시민들의 자치력을 높여 도서관의 중심을 시민에게로 기울이고 도서관이 지역 사회의 구심점이 될 수 있도록 해야 한다.

우리가 교육인프라를 든든히 하고 도서관 정책의 꿈을 크게 꿀수록 아이들의 꿈도 함께 커진다고 믿는다. 그리고 난 도서관 정책을 통해 좋은 정책을 세우면 얼마든지 도시를 바꿀 수 있다는 것을 배웠다.

매화도서관 6주년 기념식에서

안산과의 통합이 웬말입니까?

이명박 정부가 들어서고 참여정부 때의 정책은 모두 위기를 맞았다. 특히 지방자치분야는 퇴보를 거듭했다. 2009년 가을, 시흥과 안산의 통합문제에 내가 특히 안타까워했던 것은 지방자치가 역행하고 있다는 반증이었기 때문이다.

당시 안산시장은 일방적으로 시흥시와의 통합건의서를 행정안전부에 제출했다 안산시장의 이러한 행동은 지방정부에 대한 중앙정부의 그릇된 인식에서 비롯되었다고 할 수 있다. 중앙정부는 제대로 검증도 되지 않은 왜곡된 숫자로 통합의 효과를 홍보하고, 행정통합지역에 대해 재정 지원 등 각종 인센티브 제공을 약속하면서 통합을 유도했다.

행정안전부의 시·군 통합건의서 제출 마지막 날인 9월 30일 안산시장이 통합건의서를 제출한 것을 비롯해 이 기간 중에 전국 18개 지역, 46개 지방정부가 통합건의서를 제출했다. 과연 누구를 위한 통합인가?

지역의 정치인은 자신의 이득을 위해 소지역주의를 부채질하고, 중앙정부는 지역의 자율성과 책임성 확보라는 지방자치의 본질을 훼손하는 식의 일방적 통합은 갈등만 부추길 뿐이었다.

시민들에게 충분한 설명이 된 상황도 아니었고, 의견 수렴 절차를 거친 것은 더욱 아니었으니 예의가 없어도 보통 없는 행위가 아니었다. 나는 언론 기고 등을 통해 "시흥은 이전부터 지역의 어른으로 군포, 의왕, 안양, 광명 등을 분가시킨 뼈대 있는 종가집안이며, 지금도 좋은 자연환경과 풍부한 개발 잠재력을 가진 기회의 땅으로 모두가 소중히 가꾸고 있다"고 강조하면서 행정통합 추진을 즉각 중단하라고 촉구했다.

안산 시장은 보쌈에도 절차가 있다는 것을 명심하시길

백과사전에서 보쌈은 "사람을 강제로 보에 싸서 약탈한 결혼 습속"이라고 정의한다.

보쌈은 약탈혼의 일종으로 정식결혼을 못한 가난한 하층민이나 재가가 허용되지 않는 과부들, 양반집 자녀들의 액땜을 위해 이용되었다. 보쌈은 남자 약탈과 과부 약탈로 나뉘는데 양반가 처녀의 팔자가 세어서 두세 번 시집가는 사주가 나오면 이를 막기 위해 미리 외간 남자와 통정하게 하기도 했다.

또한 과부가 되었거나 소박을 맞은 여성의 재혼이 허용되지 않으므로 평소 알고 지내던 남자와 과부 부모가 사전 합의하여 시행하였으며 노총각보쌈 역시 마찬가지였다. 약탈혼은 사회 풍습상 재혼이 금지된 과부나 소박맞은 여성으로 엄격하게 제한하였고, 또한 액땜을 위한 남성보쌈이 있었지만, 이들 모두가 인신매매 차원은 아니었다. 요즘 진행되고 있는 안산시의 시흥 통합 주장을 보면서 보쌈이 생각나는 건 왜일까?

한가정의 결혼도 인륜지대사라 하여 중매쟁이가 부산하게 오가거나 남녀가 죽느니 사느니 하면서 연애한 후에야 비로소 결혼하는 것이 보통이고, 그 많은 중매와 연애가 결혼으로 연결되지 못하고 헤어지는 것이 훨씬 더 많다. 그 만큼 어려운 것이다. 그런데 안산시장은 그 흔한 중매쟁이 한번 안 보내고 연애하자는 말 한마디도 하지 않다가 갑자기 언론을 통해 시흥을 보쌈 하겠다고 주장하고 있다.

제사보다 젯밥이라고 안산시장은 두 집안의 결혼은 애초부터 관심이 없고 본인의 정치적 계산만 하고 있는 것은 아닌지 심히 의심스럽다. 그렇지 않고서야 어찌 보쌈과 결혼을 구분하지 못하며 연애와 중매의 기본도 모른단 말인가? 자질이 상당히 의심스럽다. 혹시 내년 선거에 자신이 없으니까 슬그머니 통합 얘기를 꺼내 소지역주의를 부채질하여 당선되려는 얄팍한 생각이라면 지금이라도 안산을 대표하는 어른으로써 집안 망신시키지 말고 당장 그만 두어야 할 것이다.

안산시장이 무언가 착각한 게 아닌가 싶어 한마디 한다. 시흥은 안산시장이 마음대로 보쌈을 할 만한 처지의 도시가 아니다. 시흥은 이전부터 지역의 어른으로 군포, 의왕, 안양, 광명 등을 분가시킨 뼈대 있는 종가집안이며, 지금도 좋은 자연환경과 풍부한 개발 잠재력을 가진 기회의 땅으로 모두가 소중히 가꾸고 있다.

시흥은 이제 시 승격 20주년을 맞아 스무 살의 종갓집 장손답게 예의와 절차를 소중히 여기며 하루가 다르게 성장하고 있다.

우리 시흥시의 김윤식 시장은 장기적인 안목으로 시흥의 미래를 위해서라면 절차와 예의를 갖춰 시흥과 접하고 있는 어떤 시와도 '지방행정체제 개편 추진협의체'를 구성하여 통합의 당위성과 통합 후 발전계획에 대하여 충분한 토론과 협의를 할 것임을 이미 여러 차례 밝힌바 있다.

그 옛날 보쌈도 절차를 갖춰 사전 합의했다는 걸 안산시장은 부디 잊지 마시라.

– 언론기고 전문

시흥 청소년 국제교류는 지방정부의 몫

정책기획단 사무국장을 하면서 언론기사를 모니터링하고 있는데, 청소년 국제교류 모집에 참가자가 없다는 기사를 보게 되었다. 궁금한 마음에 담당직원을 보자고 청했다. 그 직원에게 물어보았다.

"청소년 국제교류가 중요한데 왜 참가자가 없을까요?"

"제가 공고는 냈지만 안 오는 것까지 제 탓입니까?"

그 직원은 사람이 안 오는 것을 어쩌란 말이냐며 대답했다.

"그럼 안 오는 것이 시민 탓입니까. 우리가 물건을 살 때 그 물건을 안사가면 만드는 사람 탓입니까, 안 사가는 손님 탓입니까?"

나는 다시 반문하며 국제교류 브랜드를 일류로 만들자, 지금 브랜드 가치가 낮다, 학생 선발은 도서관에 넘기고 도서관 프로그램을 활용하는 등 다른 방안을 강구해 보자고 말했다.

실제로 2010년 민선 5기는 국제교류계를 신설하고 청소년들의 교

2010년 아이들과 떠난 중국여행

3장 시흥에 뛰어들다

김윤식 시장과 막내딸과 함께

육 인프라에 힘을 실었다. 난 사실 청소년 국제교류 재단을 만들고 싶었다. 시흥 아이들이 글로벌 마인드를 지닌 인물로 성장해 갈 수 있도록 말이다. 이러한 일은 바쁜 엄마와 아빠를 대신해서 지방정부 시흥이 도와야 한다. 분당, 강남은 지방정부가 나설 필요가 없지만 시흥은 해야 한다. 실제 강남구청보다는 시흥시가 훨씬 부자다. 우리 시흥시가 못할 이유가 없다.

이러한 아이들과 교육에 대한 관심은 시청에서 근무하는 내내 계속됐는데, 이는 우리 아이들 때문이기도 하다. 원래 우리 가족은 대구에서 올라와 수원에서 터를 잡고 있었고, 아내의 직장 역시 수원이었다. 내가 시흥에서 일하게 되면서 온 가족이 시흥으로 이사를 왔고, 아이들 역시 학교를 모두 옮겼다. 세 아이 중 큰 딸은 고등학생, 둘째 아들은 중학생, 막내 딸은 초등학생이었다. 이후 몇 년에 걸쳐 모두 다시 수원으로 돌아갔다. 내가 시흥에서 고군분투 한만큼 아이들도 어려움을 겪고 있었던 것이다.

아이들 각자에게 모두 예민한 시기였는지, 친구들을 떠나 환경이 바뀐 것에 대한 불만이었는지, 아이들은 하루가 멀다하고 다시 수원으로 가고 싶다고 투정을 부렸다. 잠자코 들어보니 도시락 반찬부터 학교 환경까지 이유도 많았다. 결국 나는 아이들을 이기지 못하고 하나씩 하나씩 다시 수원으로 전학을 시켰다, 아내의 고단한 생활도 시작됐다. 아내는 아이들을 돌봐주느라 수원과 시흥을 왔다갔다

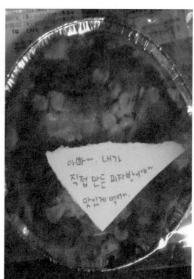

딸과 스케이트장에서

막내딸 중학교 졸업식

했다. 하지만 아내의 일터가 수원에 있었기 때문에 나중에는 수원에 있는 일이 많아졌다. 무엇이 아이들을 다시 수원으로 가게 한 걸까. 아이들에게 좀 더 신경써주지 못한 미안함과 아이들을 시흥에서 교육받게 하지 못한 책임감이 마음 한켠에 남아 있다.

마지막 숙제, 2010년 선거

2010년 2월 사표를 내고 짧은 정책기획단 사무국장직을 마쳤다. 당시 김 시장은 서울대학교 이전 문제 때문에 매우 바쁜 시간을 보내고 있었다. 우리는 보궐선거로 받은 1년의 시간 동안 서울대학교 문제를 마무리하고 싶어 했다.

벗 김윤식을 위한 마지막 숙제로 생각하고 2010년 선거를 준비했다. 2010년 선거를 끝으로 시흥을 떠날 생각이었다.

나는 '1년을 보면 4년이 보인다'는 슬로건을 전 동에 내걸었다. 실제 김윤식 정부는 빠르게 자리를 잡아가고 있었고, 선거 분위기도 나쁘지 않았다. 시민들이 민주당에 굉장히 우호적이었던 때였다. 모든 동에서 이길 정도로 생각보다 선거가 수월하게 지나갔다. 그렇게 나는 밥값을 충분히 하면서 내 마지막 임무를 끝내는 듯 했다.

2010년 선거는 그렇게 끝이 나고 나니, 나는 내 진로에 대해 고민이 많았다.

김 시장은 이제는 정말 시청에 들어와서 같이 일을 해보자며, 개방형 부서장 공고를 낼 생각이니 원서를 내라고 설득했다. 하지만 내 머릿속은 여전히 복잡했고, 김 시장의 이야기에는 부정적이었다.

놀란 일은 얼마 후에 김 시장이 브리핑룸에 가서 기자회견을 한 것이다. 공보정책담당관실 개방직 직위와 관련해 마음에 드는 사람이 있는데, 그 사람이 안하려고 해서 설득 중이라는 내용이었다.

나에게 상의 한마디 없이 한 일이었다. 여론이 들끓고, 의회에도 논란이 일었다. 공보정책담당관실 개방형 직위를 위해서는 의회의 조직 직제 승인을 받아야 한다. 후에 들은 이야기지만 이 일로 김 시장이 당시 장재철 의장을 찾아갔다고 한다. 장 의장은 김 시장이 내 일을 부탁하기 위해 온다는 것을 직감하고, 시장이 이야기를 하면 세게 반대를 하려고 벼르고 있었다. 그런데 찾아 간 시장은 말도 않고 몇 시간동안 줄담배만 피워 댔다. 답답해진 의장이 되려 먼저 물었

2010년 김윤식 시장 선거

다 '꼭 써야겠습니까. 그 말이 많은 사람을' '꼭 도와주십시오' 시장이 그제서야 입을 뗐다. 시장이 아무 말도 안하는 바람에 오히려 찬성하는 쪽으로 돌아섰다는 뒷얘기다.

하지만 나는 여전히 '해야 하나'라는 마음이 있었다. 결정을 못하고 있던 중 시장과 만났다. 시장이 내게 물었다.

'한 도시의 주류를 바꾸는 일이 얼마나 의미 있는 일입니까'

무슨 까닭인지 모르겠지만, 내 마음속에 큰 울림이 생겼다.

그래 제대로 한번 해보자. 마음을 먹고 나니 시간이 없었다, 원서를 부리나케 쓰고, 행정자치부 직원에게 부탁해서 시청 마당으로 경력증명서를 들고 오기까지 했다. 마감이 임박해서 원서를 내고 나왔더니, 시청 마당에 기자들이 나를 알아보고 모여들었다.

'원서를 냈는지, 앞으로 어떻게 할 것인지' 질문 세례가 쏟아졌다.

그리고 얼마 뒤에 시청의 인사담당자가 찾아왔다. 그러면서 하는 말이 성공하는 시장을 만들어야 하는 데 내가 안들어왔으면 좋겠다는 것이었다.

그동안의 관습이나 관념 속에서는 외부인에게 부서장 자리를 내주는 것은 쉽지 않은 일이었던 것이다.

이례적으로 경쟁률이 17대 1이나 되었다. 보통 이런 직위는 4~5대 1의 경쟁률이 일반적이다. 도서관에서 공부하면서 면접 준비를 마치고, 그렇게 나는 본격적으로 시흥에 뛰어들었다.

언론개혁, 무엇을 바꾸고 무엇을 지켜야 하는가.
시흥시청사는 누구의 것인가.
호민관실 만들기
메르스 69일간의 기록
소통코끼리를 넘어 동물농장으로

4장

코끼리가
되다

언론개혁, 무엇을 바꾸고 무엇을 지켜야 하는가.

2010년, 공보정책담당관이 됐을 때 나는 응당 도시를 진단하고 처방하는 정책 관련 일이 주된 일이 될 것이라고 생각했다, 그래서 이 도시를 '시민의 집'으로 만들려면 어떻게 해야 하나 골몰하고 있는데 막상 출근하고 보니 생각 밖으로 '공보' 기능의 중요성이 크게 와 닿았다.

공보에 대해 학습할 기회가 없었기 때문일까. 공보계 직원들은 기자들을 지원하는 것만을 공보로 생각하고 있었다. 조금 직설적으로 표현하는 사람들은 '기자들을 시중든다'고도 했다. 기자실도 가보고 그동안의 시스템을 천천히 살펴보았다. '보통 문제가 아니구나, 이 부분에 많은 시간이 필요하겠구나' 하는 생각이 들었다.

그러던 차에 기자단 대표가 상을 당했다. 나는 이틀 연속 가서 문상을 하고 위로의 마음을 전했다. 우리 부서 직원들도 두 개조로 나눠서 문상을 가게 했다. 그게 난 도리라고 생각했다. 당시 기자단 대표는 우리 시흥지역의 토박이였고 따르는 사람들도 많은, 카리스마가 있는 사람이었다.

난 그 이후에도 그 분에게 몇 차례 만남을 청하여 대화를 나눴다.

기자들도 외부 개방직 인사가 공보 부서장을 맡게 된 것에 상당히 부담스러워 하고 있는 눈치였다.

지방자치에서 지역기자들의 역할은 상당히 중요하고, 특히 공보 기능을 제대로 수행하기 위해서는 기자들과의 협력이 필요하다. 난 기자단 대표와 만나 "시흥에 와서 시흥살이를 하는 선배임을 존중하고, 지역을 위해 기자로 일하시는 것을 감사하게 생각합니다"라고 마음을 전했다.

그러면서 "그러나 나는 공공정보를 잘 관리하고 시민과의 신뢰를 쌓아야 하는 책임자이니, 그 길을 잘 할 수 있도록 도와주십시오. 이제 광고비 집행기준도 마련하고 일부러 악의적인 기사를 쓰거나 하는 문화를 바꿔보아야 하지 않겠습니까"라고 간청했다.

"우리가 서로 한 번에 해답을 얻을 수는 없을 테니 처음엔 내가 90프로를 그대로 두고, 매년 10프로씩을 바꿔보는 것은 어떻겠습니까. 저를 도와주십시오. 그렇다면 10년 후에는 분명 바뀌지 않겠습니까?" 나는 다시 한 번 말했다.

기자단 대표는 내 의견에 동의하는 듯한 얼굴을 보였다. 하지만

공보정책담당관이 되던날 임용장 교부

얼마 후부터 나는 언론의 주요 타깃이 되었다. 손님을 만나고 점심시간에 5분만 늦게 들어와도 악의적인 기사가 나왔고 양치하는 내용까지 지면을 차지하기 시작했다.

안타까운 마음에 이 생각 저 생각을 하다가 기자단에게 허심탄회하게 대토론회를 하자고 제안했다. 서로 머리를 맞대고 방법을 찾으면 해결이 되지 않겠나 하니 기자단도 좋다고 응했다.

기자단에서는 시청 후문의 고깃집을 예약하고 한우고기 수십명 분을 주문해 놓았다.

나는 당시 공보계장과 둘이 가서 기자단을 기다렸지만 결국 아무도 나타나지 않았다. 처참한 기분을 느낄 새도 없이 수십명 분의 잘라진 고기가 눈에 들어왔다. 난처한 것은 나뿐만이 아니었다. 음식점 사장님께 '고기값은 차츰 갚아드리겠습니다'라는 말 외에는 드릴 말씀이 없었다. 공보계장과 둘만의 초라한 대토론회를 마치고 나는 기자단 대표에게 '이건 너무하는 것 아니냐. 나는 공직자로 정해진 제도에 따라 공보관의 역할을 제대로 수행하겠다'고 전했다.

돌아온 답은 '너 맘대로 해라 자식아' 뿐이었다.

나는 그동안 관행이라 부르며 잘못 행해지고 있던 것들을 순차적으로 바로 잡기 시작했다. 먼저 신문 구독 수를 '한 부서 3~5부'로 적정 수준으로 되돌렸고, 광고비 집행 기준안을 마련했으며 내부 인트라넷에 올리던 신문 스크랩을 중지했다. 후에 일부 기자들의 독점 공간이던 기자실을 '시민관'으로 바꿨다.

이후 우리 시의 이른바 언론개혁 이야기가 외부로 퍼지면서 많은 시·도에서 벤치마킹을 하겠다고 찾아왔지만 우리 시흥처럼 언론개혁이 추진된 곳은 없었다.

내가 언론개혁을 단행 할 수 있었던 것은 '어려울 땐 원칙을 지키자'는 내 소신과 그래도 옳은 일을 하고 있다는 자부심이 마음 깊이 있었고, 끝까지 침묵으로 지지해주었던 시장님이 있었기 때문이었다.

직원은 10명인데 신문은 40부를 본다고?

일을 시작하면서 나는 그동안 관행처럼 이어져 오던 부서의 여러 일들을 하나 하나 원점에서 점검해 보기로 했다. 그런데 2011년 초, 마침 시흥시청 홈페이지에 의미심장한 민원이 제기됐다.

> 과연 행정 광고를 하여 얼마만큼의 효과를 봤는지 알 수 없지만, 1,300만 명이 거주하고 있는 경기도에서 명색이 일간지란 언론사가 하루 2,000부 도 발행 하지 않고 지역의 독자가 단 50명도 안 되는 언론사에 광고를 하 여 광고 효과를 볼 수 있다고 판단했다면 시장님과 의장님에 대한 자질이 의심스럽습니다.
>
> 그런 회사의 기자라는 사람이 기자입니까? 그런 불량 신문사에게 시장과 의장은 무엇을 얼마나 잘못했기에 질질 맵니까? 표 때문입니까? 그런 언 론에게 홍보를 한답시고 연간 수억원을 지불합니까? 그 돈이 당신들의 호 주머니에서 나온 돈이라도 그렇게 하겠습니까?
>
> 〈새올전자민원창구 민원상담〉에서 일부 인용

민원의 골자는 '시흥시의 무분별한 행정 광고비 지출'을 문제 삼는 것이었다. 이 민원을 접하는 순간 참담하고 부끄러웠다. 그리고 솔 직히 말하면 또 한 편으로는 힘을 얻었다. 오랜 세월 관행처럼 내려 오던 문제를 바꾼다는 건 생각처럼 쉽지가 않았다.

여러 가지 오해를 받을 수도 있고 이해관계자들의 질타와 반발에 문제 해결을 추진하던 사람은 어느 순간 두 손 두 발 다 들고 물러나

기 십상이다. 그런데 이런 민원을 올릴 만큼 시의 상황을 예리하게 보고 있는 시민이 있다는 건 이제 막 관행이라는 불합리에 매스를 대기 시작한 사람의 입장에서는 천군만마를 얻은 것이나 다름없기도 했다.

나는 우선 그동안 시흥시가 지출한 신문구독료를 살펴보기로 했다. 2010년, 시흥시에서 지출한 1년 신문구독료 예산은 1억 8천만원에 이르렀다. 어느 부서는 인원이 10여 명 밖에 되지 않는데 구독하는 신문은 40여 부가 넘었다. 사무실에 두툼하게 쌓인 신문을 제대로 읽는 사람은 거의 없었다.

40부가 넘는 신문의 주요 기사만 훑어본다고 해도 적지 않은 시간이 걸린다. 업무를 젖혀두고 신문기사를 꼼꼼하게 읽는 공무원이 과연 몇 명이나 있을까?

시흥시에서 구독하는 신문의 대부분은 누구 한사람 보지 않은 상태에서 그대로 쓰레기통으로 직행하고 있었다.

한 부서에서 적정 수준인 3~5부의 신문만 구독하도록 방침을 정하고, 불필요한 신문 구독을 조정했다. 기존 신문구독 비용을 연간 1억원 가까이 줄인 것이다.

또 하나, 행정 광고 집행기준을 마련했다. 그러려면 공정하면서 객관적인 기준이 필요하다. 최소의 비용으로 최대의 효과를 거둘 수 있도록 행정광고와 고시공고에 관한 상식적인 예산 집행이 필요하다.

나는 행정광고 집행기준을 새롭게 마련하기 위해 종이신문은 신문발행부수를 공개하는 한국ABC협회를 기준으로 삼기로 했다. 이 기준은 경기도의 지방일간지에만 적용했다. 시흥시를 기반으로 하는 지역신문은 이 기준을 적용할 수 없기 때문이다.

나는 새롭게 마련한 '행정 광고 집행기준'을 담아 보도자료를 냈다.

〈보도자료 발췌〉

① 우리시 출입 지방언론사 등을 대상으로

② 지면신문은 한국ABC협회에 가입하고 부수공사에 참여한 언론사 중에서 발행부수 및 경기지국 발송부수에 따라 행정광고를 차등 배정하되

③원칙적으로 ABC협회 기준 발행부수 1만부 이상, 경기지국 발송 부수 5,000부 이상에 한해 행정 광고를 우선 배정하며

④ 다만 발행부수가 공개 되지 않은 지역언론사(주간지, 인터넷신문 등)의 경우 지역 특수성을 고려하여 별도 지원방안을 마련할 예정이다.

기자실이 아니라 '시민관'

예상대로, 아니 예상했던 것 이상으로 언론개혁의 후폭풍은 거셌다. 행정광고와 함께 신문 구독까지 줄어든 언론사의 반발은 예상을 뛰어넘었다. 행정광고와 신문 구독 중단은 간단한 문제가 아니었다. 저항이 오래 끈질기게 지속될 수밖에 없었다.

나에게는 수도 샐 수 없이 많은 협박전화가 왔다. "배에 바람구멍

을 내주겠다"는 등 입에 담기도 힘든 거친 표현의 말들도 많았다. 이러한 상황을 접하니 그간의 관행에 반기를 들지 못한 사람들을 탓하기만도 어렵다는 생각이 들었다. 하지만 그렇다고 모든 걸 다시 원점으로 돌린다거나 이대로 적당히 타협할 수는 없다는 마음이 더욱 강하게 들었다.

경기도민일보   2012년 08월 13일 월요일 003면 종합

언론말살 정책 실체 드러나

시흥시, 밥이나 얻어먹는 부류로 비하

최근 한 인터넷 매체가 시흥시장   판보다는 시정 홍보에 집중한 언론   분명한 차이를 나타내고 있다. 특   플 통해 언론을 분리하면서 코드가
과 공보정책담당관이 신문부수를   사는 광고비가 대폭 늘어난 반면   정 지방일간지에 집중된 광고, 대   맞지 않는 기자들의 밥줄을 끊겠다

내외일보

2011년

시흥시 언론통제 도 넘어섰다

공무원 눈·귀 막는다는 비난 쇄도

시흥시 공보정책담당관이 개방   2012년 예산 확보를 위한 협조 공   행정망을 통한 공무원간 시 관련
형으로 부임하면서 특정 언론사에   문을 내세우며 지난 1일부터 기사   언론 정보를 알려주던 스크랩을 차

京仁흥B   2011년 01월 12일 수요일 011면 사회

시흥시 공보담당관실, 4억여원 투입 '정책컨트롤타워' 가동

"특정언론 광고 집중" 논란 제기

"시정 홍보 명분 편파적 언론관 형성" 의원들 지적   또한 원장희 의원의 언론 홍보   아 하며 시장의 시정 정책에 대해
시민들 "비판 기능 갖춘 참언론 지원해야" 주장   확대화를 위한 지역 언론 활성화   사에서 작성하는 홍보 보도자료를
                                                의 부완해에 대하여는 현더 갖고   충실히 내는 언론사에 대해 홍보
지난 10일 제 177회 시흥시의회   광고를 집중하였다고 밝혀 시민이   있지는 않지만 가능하면 지역 주   예산을 집행하려는 의도는 즉각
                                                이라 말하며 시정홍보의 확대화를   간지가 활성화 되도록 노력할 것   중단돼야 하며, 시민이 알 권리
                                                                                              와 비판의 기능을 갖는 참 언론

언론개혁과 관련한 네거티브 기사

행정 광고 집행기준 마련, 언론 스크랩 중지, 신문 구독 수 조정에 이어 가장 중요한 일이 남아 있었다. 기자단이 주인으로 있던 기자실을 폐쇄적인 공간이 아닌, 열린 공간으로 탈바꿈시키는 일이었다.

기자실은 소속과 상관없이 시흥시를 출입하는 모든 기자들이 차별 없이 사용할 수 있어야 한다. 일부 기자들만 사용하는 공간이라면 없애는 것이 가장 바람직하다. 아니라면 폐쇄적인 공간이 아닌 열린 공간으로 탈바꿈할 필요가 있다.

나는 조심스러우면서도 나름의 결의를 담아 기자들에게 그리고 여러 언론사에 공식적인 편지를 띄웠다.

언론인 여러분께

우리 시흥시에 깊은 관심과 애정을 가지고, 오랜 세월 지역사회 발전을 위해 노력하시는 언론사 및 기자 여러분께 지면으로나마 다시 한 번 감사드립니다. 긴 장마가 이어지고 있습니다. 한 해 동안 내릴 비의 절반 이상이 요 며칠 동안 내렸다고 합니다. 하지만 아무리 장마가 길더라고 여름의 태양은 곧 다시 뜁니다. 이런 세상의 이치는 누구도 거스를 수 없는 것이지요.

다름이 아니라, 현재 우리 시청 〈브리핑룸〉을 7월 22일(금)까지만 운영하려고 합니다. 잘 아시다시피 그동안 〈브리핑룸〉 위치가 4층에 있고, 공간이 협소하여 시민들이 이용하기가 불편하다는 문제 제기가 있었으며 〈브리핑룸〉의 폐쇄적 운영, 자의적 좌석 배치 등에 대해 일부 기자들의 항의도 있었습니다. 이를 개선하기 위해 다양한 경로를 통해 여론을 수렴하여 〈브리핑룸〉을 새롭게 개편할 예정입니다.

이미 우리 시는 올해 초 효율적인 예산집행을 위해 한국ABC협회 기준을 적용한 〈행정광고 수수료 집행기준〉을 마련하고, 신문구독 부수도 국별 예산 범위 내에서 집행될 수 있도록 조정하였습니다. 이 과정에서 일부 언론의 경우 행정 광고가 중지되고, 신문 구독 부수가 줄어들었습니다.

이 점에 대해서는 그동안 어려운 환경 속에서 언론계에 종사해 오신 분들에게 대단히 송구스럽게 생각합니다. 하지만 이는 보다 나은 시흥시로 변화, 발전해 나가는 과정이며 시민들의 냉철한 요구이기도 합니다.

현재 시민단체는 물론 일반 시민들이 저희 부서로 언론과 관련된 정보 공개 청구를 계속해서 제기하고 있습니다. '시청의 1년 신문구독대금이 1억 7천만원', '직원 수 10여 명인 부서에 신문구독은 40여 부'라면 어떤 시민이 이해해 주겠습니까?

이번 장마가 그치면 다시 작열하는 태양이 떠오르듯, 시흥시 언론환경도 보다 나은 방향으로 거듭날 것입니다.

장마가 비록 지루하더라도 비가 없으면 일 년 농사가 어렵듯이 어려운 시기도 비처럼 새로운 내일을 여는 토양이 될 것이라고 믿으며, 다시 한 번 여러분들의 넓은 이해와 협조를 부탁드립니다.

감사합니다.

행정광고에서 배제된 언론사는 지속적으로 부정적인 기사를 게재했다. 일부 언론은 시흥시가 행정광고로 언론 길들이기를 하고 있다고 주장하기도 했다.

신문 스크랩 중단도 비난의 대상이 됐다. 신문 스크랩 중단으로 시흥시가 공무원들의 눈과 귀를 막고 있어 비난이 쇄도한다고 주장하는 기사가 보도됐다. 거의 날마다 한두 건 이상의 비난 기사가 실렸다.

물론 부정적인 기사만 실린 것은 아니다. 일부 언론은 내가 내린 파격적인 언론 개혁정책에 대해 긍정적으로 평가하여 호의적인 내용의 기사를 게재하면서 힘을 실어주기도 했다. 자신들에게 불리할 수도 있는 정책을 냉철하게 판단하고 보도해 준 일부 언론들을 보니 다시 한번 용기를 내지 않을 수 없었다. 나는 2011년 1월부터 시작한 '언론 개혁' 1년의 과정을 돌아보는 내용을 기호일보에 투고했고 2012년 1월 19일자 기호일보에 이 칼럼이 실렸다.

언론 환경 개선에 앞장선 시흥시, 1년을 돌아보다

지난해 2월 24일 시흥시가 '행정광고 집행기준'을 마련한다는 보도자료가 언론사에 뿌려졌다. 본격적으로 일부 언론의 뭇매를 맞기 시작한 것은 이때부터였다. 기존의 잘못된 관행을 바꾸는 것을 혹자는 '불가능한 일(mission impossible)'이라고 했다. 신념 하나로 버티기에는 상처도 깊었다. 적당한 타협이 미덕이라는 무언의 압력은 더욱 힘을 잃게 만들었다.

(중략)

사실 언론사들이 특히 지방언론사들이 어려운 환경 속에서도 제 역할을 수행하기 위해 노력하고 있다는 것은 분명한 사실이다. 그러나 시대도 변하고 언론 환경도 변하고 있다. 그동안 관청용 신문을 만들던 일부 언론사도 변하지 않으면 안 된다. 최근 발표된 한국ABC협회의 유가부수는 변하지 못한 언론사의 실상을 적나라하게 보여준다.

만약 연간 신문구독료가 1억 7천만원이라면 시민들을 어떻게 생각할까?

직원 10여 명인 부서에 신문이 매일 40부가 넘는다면? 그 많은 신문을 읽기나 하는 것일까? 두려웠다. 시민들이 회초리를 들기 전에 변하지 않으면 안 된다. 이것이 우리 시가 신문 구독을 정리한 이유다. 그 결과 매년 1억여 원의 예산을 절감할 수 있게 됐다.

거듭 생각해 봐도 광고비를 지출하려면 당연히 발행부수와 매체영향력 순이어야 한다. 그러나 당시 시흥시의 언론 환경은 발행부수가 높은 메이저급 신문사는 브리핑룸에 들어오지도 않았고, 광고비 또한 일부 신문사들의 주도로 1/n씩 나눴다. 이러한 관행을 개선하기 위해 이해와 협조를 구하고 당부도 해봤다. 그러나 돌아온 것은 비난의 화살뿐이었다.

(중략)

하지만 최근의 변화들을 보면 1년간의 고생이 헛되지 않았다는 것을 확신 하게 된다. 그동안 뚜렷한 기준과 원칙 없이 관례적으로 언론사(1/n)에 분기별로 지급되던 행정홍보 수수료 체계를 개편한 결과 효율적인 광고비 집행이 가능해졌다.

그보다 더 큰 변화는 지난해 12월 29일 한국ABC협회가 전국 일간지 발행·유료부수를 발표하자 찾아왔다. 아직까지 이런저런 이유로 행정광고 기준을 마련하지 못한 인근 시·도에서 우리 시의 '행정광고 집행기준'을 참조하겠다고 협조를 요청해 온 것이다. 모두들 우리 시의 노력에 놀라움을 표했다.

우리 시가 언론 환경을 개선하고자 한 것은 언론을 탄압하기 위한 것도, 시에 우호적인 언론사만 살리는 것도 아니다. 시대 변화 흐름에 맞춰 언론도 변하고 우리 시도 변해야만 새로운 상생(win–win)이 가능하다.

이것이 2011년 한 해 동안 시흥시가 언론환경 개선에 앞장선 이유다.

올해 청사 재배치를 통해 새로운 브리핑 룸도 생긴다. 선진화된 브리핑 룸에서 경기·시흥 지역 언론과 시흥시가 새생활을 시작할 수 있기를 희망해 본다.

우공이 산을 옮긴다고 했다. 소의 걸음처럼 한발 한발 나아가지만 천리를 가는 시흥시를 꿈꿔본다. 우공이산, 우보천리(愚公移山, 愚步千里).

2011년 7월 22일에 폐쇄됐던 기자실은 2013년 4월 3일 '시민관'이라는 이름으로 시흥시청 1층에 문을 열었다. 이곳에서도 기자회견이나 시정 브리핑 등이 열리면서 브리핑룸 기능을 하지만, 2011년 7월에 폐쇄된 기자실과 의미와 기능은 전혀 다르다.

시민관은 이름이 상징하는 것처럼 기자들만을 위한 공간이 아니다. 시흥시민을 포함해 시흥시에 주소를 둔 기관, 단체, 개인이라면 누구나 시정에 대한 질문, 제안, 주장, 요구사항을 자유롭게 이야기하면서 의견의 다양성을 존중받을 수 있는 공간이다. 즉 시흥 시민이 자유롭게 소통할 수 있는 열린 공간이다.

몇 년이 흐르면서 나름대로 자리를 잡아가고 있는 청사를 보면 다행이라는 생각이 든다. 마지막으로 하나 더 감사한 일은 2014년 경기민주언론시민연합이 수여하는 경기민주언론상 수상자로 선정된 것이다. 내 생애 가장 자랑스러운 일 중 하나일 것이다.

시흥시청사는 누구의 것인가.

'잡상인 출입금지'가 웬 말?

2010년 시청에 오고 나서 처음 연말을 맞았다.

부서 직원들에게 우리 부서와 관련된 사람들에게 연하장을 보낼 준비를 하라고 지시했다. 직원들이 명단을 뽑았다며 보고를 하는데 우리 부서와 일을 하고 있는 업체들은 명단에 없었다.

"같이 일하는 업체들은 왜 빠졌습니까?"

"업자들에게 왜 연하장을 보냅니까?"

직원들은 어리둥절한 표정을 지었다. 나는 직원들에게 '업자'는 없다. 우리 부서와 계약관계에 있다고 해서 그런 표현은 삼가라고 이야기했다. 우리 부서는 그해 처음 부서 협력업체에 연하장을 보냈다.

공직자의 시민에 대한 인식 문제가 눈에 보이기 시작했다. 그리고 나서 시청을 돌아보니 전 부서 사무실문에 '잡상인 출입금지'라는 글자가 붙어 있었다. 직원들을 불러 안내 표지를 쓰는 것은 좋으나 내용을 조금 바꾸라고 지시했다.

'영업활동에 고생이 많으십니다. 우리 부서에서는 근무시간에는 물건을 사드릴 수 없으니 양해해 주십시오.' 하지만 직원들이 붙여 놓은 글은 '근무시간 중 영업행위 금지'였다.

부서에 계약을 하러 온 업체 분들은 항상 직원 옆 작은 보조의자에 긴장해서 앉아 있었다. 부서에 온 손님들이 편안하게 이야기 할 수 있도록 자리를 좀 마련해 주라고 주문했더니, 돌아오는 답이 '공간이

달라진 사무실

코끼리가 된 남자

좁아서 앉을 곳이 없다'는 것이었다. 난 따로 마련돼 있던 내 자리를 없애고 과장, 계장 없이 모든 직원이 일자로 앉도록 했다. 공간이 마련되었을 뿐만 아니라 자리 배치에서 오는 위계감도 없어졌다.

하지만 문제는 단순히 공간이나, '잡상인' 같은 문구에서 오는 것이 아니었다. 근본은 공직사회가 시민을 대하는 자세이다. 자치시대에 맞는 공직관을 가져야 했다. 시청 청사 전체로 문제를 확대시켜 볼 필요가 있었다. 시민에 대한 인식을 바꿀 필요가 있었다.

당시 시청 1층 안내데스크 찾는 시민이 하루에 300명 정도였는데, 그중 270여 명의 질문이 무슨 과가 어디 있냐는 것이었다. 시청사를 자주 찾지 않는 시민들은 시청사 안에서 길을 잃기 십상이었다.

시민이 주인인 지방자치시대에 필요한 것은 행정의 투명성이며, 여기에 맞는 열린 공간은 필수이다. 행정의 모든 정보, 모든 공간은 시민과 함께하는 것이 기본 원칙이 되어야 한다. 시민이 배제된 상태에서 오롯이 공무원들이 독점한다면 이는 진정한 지방자치가 아니다.

호기롭게 계획은 수립했지만 의회를 통과할 자신이 없었다. 당시 장재철 의장을 찾아가 청사 재배치 필요성에 대해 설명하고, 동의를 구했다. 의회에서 예산을 세워줬고, 청사 공간 개선이 필요하다는 관련 공문을 보내왔다.

청사 공간의 원칙은 무엇인가.

본격적으로 시청사를 '열린 공간'으로 바꾸는 일이 시작됐다. 외부에는 눈에 띄게 갈등이 드러나지는 않았지만 시청에서 청사 관련 사안은 '뜨거운 감자'였다. '철문'이 '유리문'으로 바뀌는 것이 이토록 어려운 줄 알았다면, 내가 좀 더 때를 기다렸을지도 모르겠다.

청사재배치(안)에는 부서와 별도로 배치되어있던 실국장실을 없애는 계획이 들어 있었다. 실국장들은 시장이 주재하는 간부회의 시간에 대놓고 불편한 심기를 드러냈다. 시민이 많이 찾는 부서를 시민이 접근하기 좋은 1, 2층으로 옮기는 계획에 대해서도 눈치를 볼 수밖에 없었다. 청사 재배치 기간 동안 우리 부서 직원들은 죄인이 되었다. 책임을 맡고 있는 일부 직원들은 1층 로비를 도망 다니듯 지나다녔다. 부서 이동 때문에 1층에 대기 장소를 마련했는데, 고생스럽게 짐을 옮기는 여러 부서 직원들의 모습을 보기가 미안했기 때문이다.

　상황이 이렇다보니 되레 사람들이 찾아와 무엇 하러 욕먹는 일을 하려 하냐며 답답해하는 일도 생겼다. 그렇다고 그만 둘 수는 없었다. 시민과 공무원 모두 청사에 대해 만족하지 못했기 때문이다. 조

직급 상관없는 일자형 배치

사 결과, 공무원의 만족도는 48.5%였고 시민의 만족도는 21.5%에 불과했다. 시민과 공무원 모두 만족하지 못하는 데 망설일 이유는 없었다.

무엇에 초점을 맞추어야 하는가. 당연히 시민을 중심에 놓되, 공무원들 역시 배제되어서는 안 된다. 시민을 위해 일하는 공무원들이 보다 편안한 환경에서 업무의 효율성을 높일 수 있어야 하기 때문이다.

청사 재배치의 원칙은 단연코 '시민과 일 중심'이었다. 국별 집중배치, 공간 활용 극대화, 시민 이용 편의성 증대 이렇게 3가지였다. 그리고 '左 시민관 右 호민관'으로 상징되는 시민소통 확대는 청사 재배치의 핵심이기도 했다. '시민관'은 끊임없이 시정을 알리고 정보

모든 직원이 자신을 대표하는 슬로건을 걸고 일하도록 했다.

격차를 해소하기 위한 공간이며, '호민관실'은 공직사회로부터 시민을 보호하는 기능을 한다.

굳게 닫혀있던 철문과 '잡상인 출입금지' 종이도 사라졌다. 다양한 전시와 홍보, 복지와 민원상담 기능을 하는 공간은 1층에 배치됐다. 도시, 경제 등과 관련된 현장 중심으로 업무를 수행하는 부서는 2층, 3층은 환경과 정책 지원 기능을 하는 부서를 배치했다. 4층은 정책 연구 및 상시 T/F 기획 기능을 하는 공간으로 활용하고자 했다.

청사 재배치는 단순히 공간을 재배치하는 것이 아니다. 공간의 변화를 통해 조직의 문화를 바꾸는 일이다. 나아가 시흥시의 이미지를 바꾸는 일이기도 하다.

청사 재배치는 언제나 진행형이어야 한다. 공간은 시대의 흐름에 따라 계속 바뀌어 나가야 한다. 중요한 것은 청사 공간의 원칙이다. 언제까지나 '시민'이 중심이 되어야 한다는 것이다.

호민관실 만들기

나는 늘 공무원들에게 질문한다.

우리 시흥 시민과 안산 시민이 싸우면 어떻게 하겠습니까?

나는 고민하지 않고 답한다. 일단은 안산 시민을 줘 패놓고, 우리 시흥시민에게 자초지종을 듣겠다고 머뭇거리는 직원들에게 나는 고민하지 않고 말한다.

왜, 말리지 않느냐고? 해외에 나가서 외국인이랑 싸웠는데 우리 영사관에서 말리면서 공정하게 심판 보겠다고 하면 심정이 어떻겠는가.

2013년 4월 시청에 호민관실이 생겼다. 호민관실은 2009년 정책 기획단 사무국장을 하면서부터 꼭 만들고 싶은 곳이었다. 옴브즈만 기능을 넘어 공직사회로부터 시민을 보호하고, 시민이 기댈 수 있는

『시민호민관』·시민브리핑룸 『시민관』 개소 보고회
"시민 여러분과 항상 함께 하겠습니다"

일시 : 2013. 4. 3(수) 10:00   장소 : 시흥시청 1층

언덕을 만들어 주고 싶었다.

특히 담당자가 모든 것을 해결하는 우리나라 특유의 공직문화에서는 반드시 호민관이 필요하다. 청와대에 민원을 내어도, 시장에게, 국장에게 누구에게 민원을 낸다 해도 그 민원은 담당자에게 돌아가 처리된다. 결국 그 담당자의 해석은 같을 것이고 답답한 것은 시민뿐이다.

또한 담당자가 할 수 있는 것은 법 해석에 기초한 판단인데, 우리 사회의 모든 일은 법으로만 해결할 수도 없고 법의 구제만이 필요한 것도 아니다.

어떤 때는 지방정부에 사는 한명의 시민으로 그저 삶을 호소하고 싶기도 하고, 막연한 내 편이 필요하기도 하다. 그런데 지금은 중앙정부의 위임사무인 인허가를 하면서 시민을 재단하는 것이 현실이다.

2009년 시장님께 호민관실을 만들자고 건의하고, 시장님 지시로 소관부서인 행정과에서 검토했지만 불필요하다고 판단이 나왔다. 2010년도에 정책부서장으로 와서 그때 검토한 서류를 다시 살펴보고, 조금 더 구체적인 시행 방안을 위해 정책연구를 진행했다. 모든 검토가 끝나고 행정과의 실행만 남은 상태였지만 과 직원들은 쉽사리 호민관실 신설을 추진하지 못했다. 답답했던 나는 관련 부서 직원들을 불러 독려했다. "빨리 진행하자. 시민의 정부라면 반드시 필요하다. 혹시 수요조사 하는 것이라면 생각을 바꿔라. 이것은 단 한

명의 시민이라도 필요하다면 반드시 있어야 하는 곳이다."

호민관실 설치 조례를 만들고, 오랜 기다림 속에 2013년 4월 호민관실이 생겼다. 더 기뻤던 것은 일과 시민 중심이라는 청사 재배치의 원칙에 따라 '좌호민관실' '우시민관'이 함께 문을 연 것이다.

티베리우스 크라쿠스는 BC 133년에 호민관에 오르면서 평민을 위해 헌신하고 여러 개혁적 법안을 만들어 냈다.

호민관실에 언론 공표권, 독임제 등의 권한을 준 것은 지방정부 시흥이 시민의 편이 되겠다는 다짐이다. 장기적으로 시흥시 호민관실은 관외, 다른 시에서 생긴 역외민원까지 나서서 도와주는 기능을 해야 한다고 생각한다. 진짜 시민청이 되어야 한다.

〈오마이뉴스 2013. 04. 03 유혜준 기자〉

'시민호민관'과 시민브리핑룸 '시민관' 문 열다

시흥시, 시민호민관 제도 새롭게 시행… 시민을 위한 공간 '시민브리핑룸'

시흥시가 시민을 위한 새로운 제도와 공간을 마련, 본격적인 운영에 들어갔다. 3일 오전 10시, 시흥시는 시청사 1층에서 '시민호민관' 사무실과 시민브리핑룸 '시민관' 개소식을 함께 열었다.

이날 개소식에는 김윤식 시흥시장, 이귀훈 시흥시 의장, 임유 시흥시 시민호민관을 포함해 시흥시의원과 주민자치위원장 등 30여 명이 참석했다. 개소식은 시민호민관 사무실 현판식에 이어, 시민관 개소기념 테이프 커팅 순서로 진행되었다.

'시민호민관'은 시흥시가 시민의 권익을 보호하기 위해 새롭게 시행하는 제도로 초대 호민관으로 임유씨가 지난 3월 8일 위촉되었다. 시흥시는 지난 2011년부터 시민호민관 제도 도입을 준비해왔으며, 2012년 '시흥시 시민호민관 운영에 관한 조례'가 시흥시의회를 통과했고, 지난 1월 9일에 시행규칙이 제정되면서 본격적으로 출범하게 되었다.

시민브리핑룸 '시민관'은 시흥시가 지난 2011년 7월, 기자실로 이용되던 브리핑룸을 잠정 폐쇄한 뒤 시민들을 위한 공간으로 새롭게 탈바꿈하게 문을 열게되었다.

김윤식 시장은 이날 개소식에서 "시민을 주인으로 섬기고 시민이 주인이 되는 시흥시를 만들기 위해 시민호민관과 시민관을 열게 되었다"며 "새롭게 시행하는 시민호민관 제도는 부당한 행정처분 등으로부터 시민의 권익을 보호하고 시민의 다양한 요구가 시정에 반영될 수 있게 하기 위해 마련된 제도"라고 밝혔다.

임유 초대 시민호민관은 "시민호민관의 목표는 억울함이 없는 시흥, 시민이 주인이 되는 시정으로 목표를 달성하기 위해 열과 성을 다하겠다"며 "철저하게 시민의 입장에서 호민관 업무를 처리하겠다"고 말했다.

임 호민관은 "출범 후 6개월은 도입단계로 고충민원 프로세스 구축에 주력하고, 하반기에는 제도의 정착을 위해 성공사례를 축적하고, 제도개선 발굴 등을 위해 노력하겠다"고 향후 일정을 설명했다.

우정욱 시흥시 공보정책담당관은 "브리핑룸이 기존에는 시 정부가 하고 싶은 이야기를 언론을 통해서 확산시키는 것이었다면 새롭게 문을 연 시민브리핑룸 '시민관'은 시민들이 시정에 대해 궁금하거나 주장하고 싶은 것이나 요구하고 싶은 것을 할 수 있는 공간"이라며 "시민들이 브리핑룸에서 하는 이야기를 적극적으로 시정에 반영할 수 있도록 시 전부에 충실히 전달할 수 있는 역할을 하겠다"고 밝혔다.

'시민관' 명칭과 관련, 우 담당관은 "시민브리핑룸의 주인은 시민이고 시민들의 적극적인 참여로 시정과 소통할 수 있을 것으로 기대하기 때문에 이름을 시민관으로 짓게 되었다"고 설명했다. 우 담당관은 시민브리핑룸을 "시흥시의 도시 브랜드로 만들어나가겠다"고 덧붙였다.

시흥시의 시민호민관은 신분상 공무원 지위가 아니고 업무 독립성을 보장받게 되며, 전문가 시각으로 행정의 위법 또는 부당한 행위 등을 판단해 신속하게 해결해 주는 역할을 하게 될 것이라는 게 시흥시 관계자의 설명이다.

또한 시민브리핑룸 '시민관'은 기존의 브리핑룸의 이용자가 기자인 것에 반해 철저하게 시민들을 위한 공간으로 사용할 예정이라고 한다. 시흥시 관계자는 "브리핑을 원하는 시민은 사전에 예약을 거쳐 시민관을 사용할 수 있다"며 "누구라도 사용이 가능한 열린 공간"이라고 강조했다.

메르스 69일간의 기록

'카메라 나가'

2015년, '메르스'라는 이름도 낯설은 바이러스가 대한민국을 뒤흔들었다. 전국이 공포에 떨어야 했으며 우리 시흥시도 예외는 아니었다. 하지만 아니러니컬하게도 이때가 '공보'의 중요성을 가장 크게 느낀 때다.

공보란 공공정보의 줄임말이며, 퍼블릭섹터 인포메이션Public Sector Information, 즉 공공의 영역에 있는 모든 정보를 말한다. 공공정보의 주인은 당연히 시민이다.

'시민이 공공정보의 주인이라는 것' 내가 공공정보를 대하면서 견지해 온 원칙이다. 단순히 공개가 문제가 아니라 체계적으로 정리해서 시민이 잘 알 수 있게 해야 한다.

그래서 회의 때나 중요한 사안이 있으면 필요하든 필요하지 안하든 영상으로 남겼다. 이러한 원칙과 방법은 위험이 왔을 때 위력을 발휘한다. 사실 그동안 시흥시의 공보체계를 위협할 만한 큰 사안은 없었다.

초기 메르스 사태 보도가 나가고 늦은 밤에 보건소장에게 전화를 걸었다.

"소장님! 이 사건이 심상치 않습니다. 아무래도 긴급회의를 열어야겠습니다. 우리 영상팀 나갑니다."

보건소에서 비상을 걸고 다음 날 아침 보건소 주재 회의가 열렸다. 나는 방송 영상팀과 함께 회의에 참석했다. 회의 장면을 찍으려고 방송팀이 세팅을 하고 있었다.

"카메라 나가.....!"

메르스대책회의

"이런 중요한 사안을 영상으로 찍으면 어떡합니까?"

당시 최계동 부시장이었다. 그동안의 공직사회를 생각하면 당연한 주문이었는지 모른다.

방송팀 직원이 놀래서 슬금슬금 나갈 채비를 하고 있었다.

"부시장님! 기록을 남기고 공개할 것인지 말건지는 나중에 결정하면 됩니다. 관련 문제가 있으면 나중에 책임도 제가 지겠습니다."

결국 이날 회의 영상은 촬영되었고, 시흥시 공공정보 정책은 시금석위에 올랐다.

모두 공개하세요.

정보공개 문제 때문에 회의가 더 진행되지 못하고 있었다. 시장님이 늦게 도착해서 회의에 합류해 논쟁을 듣고 있었다. 시장님은 평소, 논쟁이 일면 결론이 날 때까지 기다리고 중간에 끼어들지 않는다. 하지만 그날따라 시장님은 아주 단호하게 '모두 공개하세요'라고 방침을 내렸다. 회의가 삽시간에 정리되면서 공개방침으로 기울었다.

메르스 사태가 진행되면서 우리 시흥시 조직은 상당히 잘 대처했다고 자부한다. 특히 높게 평가하는 것은 보건소 직원들의 헌신이다. 보건소장 결제 없이 상황실인 우리 시민소통담당관실에 정보를 보내줬다. 부시장은 정보공개 방침으로 방향을 바꾸고 나서 보건소에 일관되게 주문했다.

"판단하지 말고, 담당관실이 컨트롤 타워니 정보를 거르지 말고 보내야 한다."

첫 브리핑은 새벽 3시에 시작됐고 69일 동안 계속됐다. 메르스 사태 관련 정보를 홈페이지에 공개하는 것과 동시에 시장을 포함한 시흥시청 공무원, 시의원, 언론에게도 문자메시지로 알리기로 했다. 이는 시흥시 메르스 사태 관련 정보를 시민이나 시장에게 차별 없이 똑같이 제공한다는 것을 의미했다.

시흥시의 빠르고 정확한 메르스 사태 정보 제공은 시민들로부터 뜨거운 지지를 받았다. 필요하다면 하루에 5~6번도 넘게 브리핑을 실시했다, 시민들의 신뢰도가 올라가다보니 더불어 시민들의 참여도 확산되었다. 시 홈페이지 방문자가 폭발적으로 증가한 것이다. 이는 31개 경기도 시군 페이스북 팔로워 순위 변동까지 이끌어 냈다. 우리 시 페이스북 팔로워 순위가 12위에서 6위로 상승했다.

두 달이 넘게 조를 나눠서 메르스 사태 상황실을 운영하다보니 직원들은 많이 지치기도 했다. 직원들에게 미안한 마음이 들기도 했는데 그 이유가 보건소에만 격려 메시지가 넘쳤기 때문이다. 사실 소통담당관실이 메르스 사태 상황실이란 것을 아는 사람들은 거의 없었다. 하지만 조직은 그런 것이다. 공직사회는 특유의 문화 때문에 '함께 하는 일'에 늘 어려움을 느낀다. 69일의 대장정이 끝나고, 우리 부서는 부시장님의 피자를 맛보았다.

소통코끼리를 넘어 동물농장으로

듣는 것도 노력이 필요하다.

이제 '소통'은 기본인 시대다. 어쩌면 소통 전쟁이다. 소통 채널 역시 너무도 다양하다. 우리 시흥시 역시 오프라인 매체로는 시정소식지 '뷰티풀시흥', 온라인 매체는 홈페이지, 블로그, 페이스북, 인스타그램, 카카오플러스 등 많은 매체를 활용하여 시정을 홍보하고 있다.

방법도 여러가지이다. 영상으로 찍고, 예쁘게 카드뉴스 형식으로도 만들고, 각인되기 쉬운 재미있는 말을 만들어서 내보낸다. 이쯤되면 시정 소식을 모르는 사람들이 거의 없어야 하는데, 정작 시민들은 들으려고 하지 않는다.

'시민들은 왜, 시정에 관심이 없는가'

'공보와 소통은 무엇인가'

초등학생대상 행정기관탐방프로그램 코끼리교실(소통코끼리 이름을 본떠 만들었다.)

오이도 바라지에서

공직생활 내내 했던 반복적인 질문은 '신뢰'라는 원칙을 만들었지만, 이것만으로는 부족했다. 시민과 '편안하고 친근하게' 대화할 수 있는 창구가 필요했다.

그래서 나타나게 된 것이 '소통코끼리'이다. '소통코끼리'는 시민에게 쉽게 다가가는 통로인 동시에 '잘 듣겠다'는 다짐이었다.

하지만 잘 듣는 것도 노력이 필요하다. '잘 듣는' 소통코끼리를 표현할 수 있는 '캐릭터'를 개발해야 했다. '개모양 코끼리' '곰모양 코끼리' 등을 거쳐 지금의 코끼리가 탄생했다. 누군가는 '애들만 좋아하는 캐릭터를 뭐하려고 만드느냐, 어른들이 좋아하는 것을 해야 된다' 라고 조언하기도 한다. 아이들이 좋아한다는 것은 만만하고 쉽다는 것이니 그걸로 목적은 달성한 셈이다.

내가 맨 처음 동료들에게 소통코끼리 이야기를 꺼냈을 때 역시 마찬가지였다. 대부분이 그렇게까지 해야 하는가? 하고 되물었다.

직원들에게 '우리는 하나하나가 소통코끼리다, 시민VJ 등은 시민소통코끼리, 공무원은 공무원소통코끼리가 되어야한다'고 강조했지만 반응은 좋지 않았다. 그간의 공직사회에서 행하던 익숙한 방법이 아니었기 때문이다.

'소통코끼리'는 거창한 시흥의 상징물을 만들려고 시작한 것이 아니다. 오로지 시민들과의 소통을 위해서 고안해 낸 것이다. 누구나

어린이날 소통이와 함께

소통코끼리가 될 수 있다. 모든 시흥 사람들이 소통코끼리로서, 소통코끼리와 대화하기를 바란다.

실제 나는 모든 부서가 동물농장이 되는 꿈을 꾼다. 환경국은 청소하는 하마국, 아이디어를 내야하는 국은 토끼국…. 시민들이 친근하게 느낀다면 무엇이 어려우랴. 환경국에는 드나들기 어려워도 '하마국'의 문은 쉽게 열고 들어 올 수 있을 것이다.

코끼리가 된 남자

코끼리가 된 남자

109

4장 코끼리가 되다

배곳, 배꼽 그게 뭡니까?
지방자치실현을 위한 '가치 모내기' 시흥아카데미
시흥천연잔디
바라지와 산업단지의 도시, 시흥

5장

시흥에도
도시브랜드가
필요하다

배곧? 배곶, 배꼽 그게 뭡니까?

배곧초등학교, 배곧중학교, 배곧고등학교...

배곧신도시에는 배곧 초 · 중 · 고등학교가 있다. '배곧' 이름을 단 간판도 즐비하다. 하지만 신도시가 '배곧'이라는 이름을 얻기까지의 과정은 간단하지가 않았다.

배곧신도시가 된 '군자지구'는 바다를 매립한 땅이다. ㈜한화는 1984년, 화약 종합개발시험과 성능시험을 할 수 있는 땅을 마련하기 위하여 경기도에 공유수면 매립면허를 신청했다. 이후 ㈜한화가 10년에 걸쳐 매립공사를 마쳤지만, 군자지구 앞에 '정왕지구'가 개발되면서 화약시험장으로의 사용이 불가능하게 되었다. 2006년 결국 군자지구는 시흥시의 몫이 되었다.

2009년 시흥시는 서울대학교를 군자지구에 유치하기로 결정하고

코끼리가 된 남자

'서울대학교 유치 전담 테스크포스팀'을 구성했다. 시흥시는 9개 지방자치단체와 치열한 경쟁을 벌이는 많은 노력과 우여곡절 끝에 서울대학교를 군자지구에 유치하였다.

그렇다면 이제 남은 것은 '신도시 이름을 무엇으로 할 것인가'였다. 명칭의 중요성은 두말할 필요가 없다. 게다가 배곧신도시는 시에서 사활을 걸고 있는 사업이었다.

2011년 간부회의에서 당시 미래개발사업단에서는 군자지구 이름을 '군자하이시티'로 하겠다고 발표했다. 회의에 참석한 국장들도 대부분 이견이 없었다. 당시에는 영어 이름 표기가 유행처럼 번지고 있었는데 'High City'는 그런 욕구를 충족했고, '군자'는 '군자지구'에서 따왔으니 어찌 보면 크게 문제 될 것이 없는 자연스러운 선택이 될 수도 있었다.

그러나 나는 눈치 없이(?) 반대 의사를 나타냈다. '군자하이시티'로 결정된다면 '하이 시티 High City'로 부르기보다 계속 '군자지구'라는 명칭이 쓰이게 될 것이 분명했다. 신도시를 시흥 대표 브랜드로 만들겠다고 하는데 브랜드의 '이름'에 '정체성'이 없다는 생각이 들었다. 나는 이름을 짓는다면 우리 것이 되고, 영원히 불릴 이름이 되어야 한다고 생각한 것이다.

그 자리에서 강하게 반대하는 사람은 나밖에 없었다. 내 말이 설득력이 있었는지 회의를 진행하는 시장님은 그럼 반대만 하지 말고 새로운 이름을 지어 오라고 주문했다. 내가 브랜드 관리부서의 책임

배곧신도시 투자유치설명회

을 맡고 있으니 명칭 선정을 주관하라는 뜻이었다.

그렇다면 어떠한 기준으로 이름을 지을 것인가. 첫 번째 키워드는 '교육'이었다. 신도시는 서울대학교 시흥캠퍼스를 중심으로 '교육도시'를 표방하고, 시는 해마다 교육 예산을 늘리며 집중 투자를 벌이고 있던 만큼 '교육'은 맞춤 키워드였다. 두 번째는 '우리의 것' '정체성'이 담겨 있어야 한다는 것이었다.

'우리의 것'이라는 인식이 생길 수 있는 새 이름을 찾는다는 것은 쉽지 않았지만, 가장 중요한 부분이라고 생각했다. 군자지구는 바다를 메운 매립지이므로 역사성과 정체성이 담보되는 자연지명도 없어 더욱 어려웠다.

그러던 중 시흥의 역사를 연구하면서 찾아낸 이름이 '배곧'이었다. '배곧'은 1914년 주시경 선생의 '한글배곧'에서 유래했다.

'배우는 곳' '배곧'은 교육에 대한 시의 의지를 보여주면서, 신도시의 정체성을 드러내기에 더없이 좋은, 알맞는 이름이었다. 독특한 이름은 차별화된 교육도시를 표현하기에 충분했다. 100여 년전 선각자이자 겨레의 스승이었던 주시경 선생은 젊은 인재들에게 우리말과 글을 가르치면서 민족혼을 일깨웠다. 이를 위해 1907년 7월 '하기국어강습소'를 여는데 1911년에는 '조선어강습원'으로, 1914년에는 '한글배곧'으로 이름을 바꾸었다. 주시경 선생이 이곳을 통해 배출한 인물은 600명에 이른다. 더구나 주시경 선생이 일제에 저항하면서 '조선어강습원'의 이름을 '한글배곧'으로 바꾼 해인 1914년은 군자지구 일대의 군자면이 시흥군에 편입된 해이기도 했다.

드디어 '배곧'이 이름으로 선정되고, 배곧신도시가 생겨나는 듯 했지만 여전히 거부감은 있었다. 먼저 시 의회의 반대가 만만치 않았다. 시 의회는 절차상의 문제와 명칭에 대한 공감이 낮다는 이유를 들어 '배곧' 명칭 사용을 반대했다.

'배곧' 명칭에 대해 더 자세히 설명을 하고, 의견을 구하리라 마음을 먹고 시 의회 임시회 때 '프리젠테이션'을 했다. 의원들의 의견도 저마다 달랐다. 배곧신도시를 지지하는 이는 한 두 명이었다. 반론 중 하나가 군자면 토박이들이 가지고 있는 '군자' 이름에 대한 애정을 꺾기가 힘들다는 것이었다. 나는 일단 3개월 만이라도 써보고 여론이 좋지 않으면 내가 모든 것을 책임지겠다고 간청하기도 했다. 언론에도 보도되기 시작했다.

"시흥 군자신도시 명칭 논란"

-2012. 2. 21 서울신문

"시흥 신도시 이름은 왜 '배곧신도시가 좋은가"

-2012. 2. 23 경인일보

발음 및 표기를 둘러싼 논란도 있었다. 배곧에서 '곧'의 받침이 'ㄷ'인 것을 두고 익명게시판에는 '배곳'이냐 '배꼽'이냐는 등의 조롱 섞인 말들도 올라왔다.

논의할 곳이 필요했던 나는 당시 김세중 국립국어원 공공언어지원단장에게 우리말 명칭에 대한 자문을 구했다. 김 단장은 참여정부 때 국립국어원 세종학당 자문위원을 했던 인연으로 알게 된 분이었다. 김 단장은 좋은 일을 하고 있다며 나를 격려하고, 언론사에 기고문을 써주었다. 기고문에서는 "새로운 정책명이나 사업명을 지을 때 영어를 따서 지어야 마땅한 줄 아는 이상한 풍습이 퍼져 있는 요즘 '배곧신도시'와 같은 아름다운 우리말 이름을 쓰기로 한 시흥시의 발상은 참신하고 본받을 만하다"고 힘을 실었다. 한말글문화협회 이대로 회장 기고와 여러 언론의 보도도 이어졌다. 서서히 여론도 긍정적인 추세로 돌아서고 있었다.

긍정적인 여론이 늘어가고 있었지만, 거센 반대 여론도 만만치 않았다.

'배곧' 명칭에 대한 자신감이 넘쳤던 나도 점점 추진동력을 잃고 있었다. 그즈음 간부회의에서 김 시장의 단호한 목소리가 힘이 됐다. '배곧'을 이름으로 정해놓고 안 쓰고 있는 것은 무슨 경우인가, 추진하기로 한 것에 대해 왜 이리 미진하냐는 것이었다. 어느 누구보다 배곧신도시에 대한 애정이 깊었던 시장은 단호했다.

2012년 5월, 드디어 길고 길었던 배곧신도시 이름 논란을 마무리 짓기로 했다. 3단계로 나눠 명칭을 쓰겠다고 발표한 것이다. 입주 전

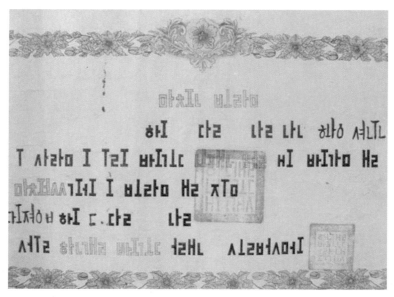

한글배곧 졸업장

분양 때까지는 시흥의 인지도를 높이기 위해 지역명을 넣어 '시흥군 자배곧신도시'로 부르고, 입주 시기에는 '배곧신도시'로만 명칭을 쓰기로 했다. 또 신도시 입주가 완료된 뒤에는 '배곧신도시' 명칭의 활용 정도와 시의회 의견을 수렴해 최종 행정동 명칭을 결정하기로 했다.

지방자치실현을 위한 '가치 모내기' 시흥아카데미

지방정부마다 잘 짜여진 평생교육프로그램을 가지고 있고, 유명 강사의 특강도 심심치 않게 들을 수 있는 요즘 상황에서 또 하나의 아카데미를 연다는 것이 그렇게 혹할 만한 일은 아니었다. 하지만 공보정책담당관으로서 내가 기획한 시흥아카데미는 분명한 차이점을 갖고 있다.

나는 시흥아카데미가 지방정부와 시민의 자치역량을 키우는 토대가 되야한다고 생각했다. 아카데미의 모든 교육 과정과 내용이 지방자치 실현을 위한 가치를 발굴하고, 그 가치를 모내기해서 자치 역량을 키우는 밑거름이 되는 것에 초점을 맞췄다.

나는 "시흥아카데미가 시민의 꿈을 응원하고 지역기업을 육성하는 한편 더 나아가 도시브랜드와 도시경쟁력을 강화해 가는 대학 그 이상의 대학"이 돼야 한다고 생각했다. 단순히 강의 시간표를 만들고 양산하는 것 자체가 시흥아카데미의 중요한 기능은 아닌 것이다.

아카데미 강의를 유튜브에 가감 없이 모두 공개한 것도 이러한 생각의 일환이었다. 유튜브에 올라가 있는 시흥아카데미의 영상은 2017년 말 기준으로 약 950개에 달한다. 요즘 재미있는 일이 얼마나 많은데 누가 재미없는 강의를 볼까 했지만 시흥아카데미의 누적 조회 수는 200만회를 바라보고 있다. 시흥은 잘 모르지만 시흥아카데미 강의는 온라인에서 봤다는, 그저 좋아할 수만은 없는 이야기도 들었다.

시흥아카데미는 관공서에서 출발했지만 12세기에 만들어진 이탈리아의 볼로냐 대학과 같은 '배우는 대학'을 모델로 따라가고 있다. 당시에 독일과 유럽 여러 나라에는 대학이 설립되면서 진리에 목마른 많은 학생들이 학문을 배우기 위하여 국경을 초월하여 모여들었다.

그 나라의 시민권이 없지만 여러 나라에서 몰려온 학생들은 자기 나라 학생들끼리 자치권을 행사하는 조합을 형성하였다. 그리고 학생들은 조합을 통하여 배우고 싶은 것을 결정하고 이에 맞는 교수를 초청했다. 이 조합들이 모인 것을 대학이라고 부르게 됐다. 나는 시흥아카데미 학과 개설 과정이 '배우는 대학'의 이념에 가까이 와있다고 감히 말하고 싶다.

초등생부터 어르신까지 동창이 되는 시민대학의 꿈

시흥아카데미는 두 가지 경로로 학과 개설을 공모했다. 하나는 시흥시청 내부 부서이고 다른 하나는 시민사회이다. 시흥시청 각 부서들은 각 단위에서 필요한 학과를 고민하여 수요 현황 등을 제출하고, 시민사회는 필요한 학과를 시에 요구한다. 이렇게 모여진 의견의 타당성과 가능성을 검토하여 개설 요건에 부합한 학과를 선정했다. 물론 시민의 요구가 우선이었다.

양봉학교, 꽃차학교, 전통주학교 등 다른 곳에서는 생각해내지 못했던 학교가 탄생한 것은 결코 우연이 아니었다. 시흥아카데미는 학

첫번째 시흥아카데미 학교(스웨덴학교 개강)

생조합으로 만들어진 유럽의 대학처럼 '43만 시흥시민조합으로 만들어진', 시민들 자신이 배우고 싶은 것을 시정부에 요구할 수 있는 진정한 의미의 시민대학이 되어야 한다.

나아가 시흥아카데미 자체가 도시브랜드로 자리 잡고, 수강생들이 동아리를 만들고 같이 연구하는 과정 속에서 자신이 먹고 사는 틀도 구축해 나가는 것, 도시의 주류mainstream를 바꾸고, 시민의 삶의 질을 바꾸는 것, 이것이야말로 시흥아카데미가 시작된 이유이며 시흥아카데미의 꿈이다.

시흥아카데미가 가야 할 길, 자치분권대학이 가야 할 길은 바로 '지방정부가 운영하는 시민대학'이다. 나는 모든 지방정부는 인적 자원을 키우기 위하여 대학을 하나씩 운영해야 한다고 생각한다. 시민들은 시민대학 하나만으로도 행복할 수 있어야 한다.

시민대학에서 공부하고 동아리와 연구회 활동을 하는 한편 지역에서 일하면서 자녀를 기르는 로컬의 시대, 자치의 시대를 만들어야 한다, 독일 뮌헨은 시민의 15%가 시민대학을 다니고 있다. 초등학생부터 어르신까지 모두 시민대학의 동창이 되는 아름다운 꿈이 시흥에서도 이뤄졌으면 좋겠다.

코끼리가 된 남자

시흥아카데미 면접 보려고 공부하고 왔어요

장담하건데 학습태도 하나 만큼은 시흥아카데미가 서울대학교보다도 월등히 우수하다. 시흥아카데미는 무료 강의지만 결코 헛된 강의로 만들지 않기 위해 꼭 면접을 봤다. 처음엔 면접장에 와서 책상을 발로 차는 분도 있었다. "내가 지역에서 알아주는 유관단체 장인데 어서 오십시오는 못할망정 면접을 본다"며 불쾌함을 감추지 못하는 분들이었다. 하지만 나는 수강신청 인원이 아무리 적어도 선착순 접수를 적용하지 않고 면접을 봤다.

시흥아카데미의 면접 기준은 간단하다. 첫째 시흥시민을 우선시

꽃차학교 면접

꽃차학교 면접

한다. 다른 시에서 온 분들은 10% 이내에서만 선발했다. 두 번째는 시흥아카데미 강의를 듣기 위해 처음 온 사람을 우선적으로 뽑았다. 그동안 경쟁률이 치열한 학교가 많았는데 선발 기준이 공정하지 못하다며 이의를 제기하는 경우는 한 번도 없었다. 세 번째는 지원 동기가 좋고 동아리 활동을 열심히 할 수 있는 분을 우선 선발했다. 배우고자 하는 열망이 간절한 사람, 수업이 끝난 후에도 연구회와 동아리 활동에 적극적으로 참여할 사람이야말로 자신의 삶은 물론 시흥아카데미를 한층 빛내 줄 분들이 틀림없기 때문이다.

이렇게 수강생을 뽑으니 면접을 보기 전에 해당 분야를 미리 공부해 오는 분들도 많았고, 모두들 어찌나 수업에 열심인지 수강생 전원이 수료하는 학교도 많았다. 시흥아카데미에서의 공부는 왜 이렇게 즐겁고 열정적인 걸까? 답은 간단하다. 하고 싶은 공부를 하고 벗이 있으며 수료 후 무엇을 해야겠다는 꿈이 있기 때문이다.

아무나 들을 수는 없지만 어디서나 들을 수 있는 강의

면접 이후에는 수료 요건을 놓고 실랑이가 벌어지기도 했다. 80% 이상 출석 요건에 부합해야지만 수료증을 받을 수 있는데 누구는 한 번이 모자라서, 또 누구는 왔는데 출석 체크를 안 해서 문제였다. 이렇게까지 할 필요가 있냐고 했지만 예외는 없었다. 수강생들에게도 이러했으니 운영을 맡았던 내부 직원들은 더 철저하게 일할 수밖에 없었다.

유튜브에 올리는 강의 영상만 하더라도, 매 강의를 촬영하고 편집하고 올리는 것이 쉽지는 않았다. 특히 초반에는 보는 사람이 없다고 생각 하니 직원들이 촬영 자체에 신을 내지 않았다. 게다가 조금만 게으름을 피우면 업데이트 날짜를 놓치기 일쑤였다.

하지만 강의 영상 공개는 이제 시흥아카데미 운영의 가장 중요한 부분이 되었다. 강의 영상은 트렌드를 따라가거나 시기성이 중요한 인자가 아니므로, 오래된 강의라고 해서 문제가 될 것이 없다. 오히려 다양한 콘텐츠가 축적될수록 수요자의 선택 폭은 넓어진다.

할 일이 점점 많아지는 직원들에게는 미안했지만 나는 동영상 강좌의 중요 내용을 뽑은 '자치보감'도 구축하도록 독려했다. 2~3시간 분량의 강좌에서 주제별 핵심 영상을 10분 이내로 추려내 온라인 접근성과 활용성을 확대하기 위해서였다. 자치보감을 통해 강의 일부를 보고, 좀 더 깊이 있는 내용을 보고 싶다면 관련 동영상 전체를 볼 수 있는 시스템을 확립한 것이다. 앞으로 자치보감은 영상 백과사전 역할도 톡톡히 해낼 것이다.

온라인 강의의 개방은 시흥아카데미의 교육 대상을 시흥시민에서 대한민국 국민으로 넓혀 주었다. 지방자치 역량 강화는 시흥시에만 적용되는 것이 아니다. 사실 원한다면 전 세계 어디서든 강의를 들을 수 있다.

배움이 먹거리로 이어지고 소통으로 연결되는 학교

2012년 단, 1개의 학교로 시작한 시흥아카데미는 2013년에는 9개 학교로 늘었고 2014년에는 14개 학교가 됐다. 2015년에는 12개 학교, 2016년에는 20개 학교 그리고 2017년에는 19개 학교가 열렸다.

그 이름들을 나열해 보면 백년정원학교, 배곧숲학교, 잔디학교, 시민조경학교, 산림경영학교, 도시재생학교, 건축학교, 한옥학교, 온돌학교, 모듬살이학교, 양봉학교, 곤충학교, 우리물고기학교, 전통주학

126
•

시흥아카데미 모체가 된 시흥 커피아카데미 수료식

교, 허준약초학교, 효소학교, 꽃차학교, 스웨덴학교, 생명사랑학교, 건강도시학교, 백세건강학교, 생태부모학교, 햇살가득어울림행복학교, 행복드림건강마을학교, 나눔학 교, 공동육아공동체학교, 갯골습지학교, 초록씨앗학교, 모내기글방, 오이도역사학교, 마을기록학교, 코끼리영상학교, 축제학교, 캠핑학교, 릴레이공감학교, 한국경제학교, 자치분권학교, 인문학교, 창업학교 등이다.

학교 이름을 찬찬히 살펴보면 각 학교마다 아주 특별한 의미가 깃들어 있다는 걸 느낄 수 있다. 이 다양한 학교를 수료한 시민은 2017년까지 2,080여 명에 달한다.

수료생들은 강좌가 마무리된 뒤에도 시민연구모임과 협동조합을 구성하여 공부를 계속하고 있는 이들이 많다. 이들은 강좌가 마무리되는 것으로 공부가 끝나는 것이 아니라는 사실을 입증하고 있는 것이다. 이는 시흥아카데미가 의도하는 지방차지 역량 강화에 충분히 부합하는 일이다.

물론 모든 강의가 성공적이었던 것은 아니다. 원활하게 운영되는 것들도 있지만 일부는 들인 공에 비해 수확이 없기도 하였다. 모든 강의가 수강생들에게 실질적으로 도움이 되기 위해서는 어떻게 해야 할까. 성공적인 강의를 살펴보니 수강생들의 자발적인 '동아리' 형성이 공통분모였다.

나는 시흥아카데미가 단순히 강의를 열고 듣는 데서 끝나지 않고, 시민들의 먹거리로 이어지고 지역사회의 소통창구 역할을 하는 계기가 될 수 있다고 믿는다.

꽃차학교 수업모습

양봉실습

시흥아카데미를 운영하는 동안 참으로 잊을 수 없는 에피소드가 많았다. 어느 날인가는 시청 사무실로 경상도 지역에서 한 분이 찾아오셨다. 한 눈에도 건강이 좋지 않아 보였는데 이분은 자신이 암에 걸려 집에서 유튜브로 시흥아카데미를 보고 있는데 교재가 있으면 더욱 즐겁게 공부할 수 있을 것 같다며 교재를 꼭 받고 싶다고 얘기했다. 나는 마음 속 깊이 감동을 받아 원칙을 깨고 교재를 챙겨드렸다.

미국에서 편지가 온 적도 있다. 교재를 구할 수 없는 곳에 있으니 염치없지만 시흥아카데미 교재를 꼭 좀 보내달라는 간곡한 편지였다. 시흥아카데미가 시민들에게 어떤 의미인지, 다시 한 번 어깨가

무거워지는 순간이었다. 언젠가는 시흥시가 출판사를 차리고 책을 팔아 시민들에게 보탬이 되도록 하는 꿈도 꾼다.

어느 비 오던 날의 일화도 잊을 수 없다. 민원실 앞을 지나가는 데 "어머, 어디가세요?" 하며 누군가 내 팔을 잡는 것이었다. 그 분은 나를 만나러 왔다며 가방을 열곤 무척이나 예쁜 수제봉투를 꺼냈다. 자신은 안양시민인데 시흥아카데미를 무료를 듣고 나서 그냥 있을 수가 없어 이렇게 찾아왔다며 '발전기금'이라고 적힌 봉투를 내 앞에 내 놓았다. 공무원이 돈을 받으면 안 되지만 나는 그 봉투를 받았다. 그리곤 우리 부서 직원한테 주면서 더 열심히 해보자 결의 아닌 결의를 다졌다. 직원들은 봉투 속의 돈 20만원은 주신 분에게 다시 송금해 드리고 예쁜 봉투는 기쁜 마음으로 보관해 뒀다.

온돌학교 수료생들이 온돌호텔을 만들었다고?

행정이 시민을 위해 많은 예산을 썼다고 시민이 행복해 하는 것은 아니다. 시흥아카데미의 장점 가운데 하나는 '에프터스쿨'이 아닐까 싶다. 스스로 동아리도 만들고, 창업도 해보고, 디자인도 해보고, 약국정원이나 농장도 만들어 보는 경험. 온돌학교 출신들이 온돌호텔, 온돌빌리지를 만들어 외국인들이 오게 만든다면 얼마나 멋진 일일까? 약초학교 출신들이 약국정원을 만들어 이쪽은 위장이 안 좋은 사람이 가는 길, 저쪽은 시력이 안 좋은 사람이 가는 길, 간에 좋은 약초를 만날 수 있는 길… 이런 주제가 있는 공원을 만들면 많은 사람들이 지하철을 타고 보러 오지 않을까? 이렇게 로컬브랜드를 만들어 내는 것, 이것이야 바로 시흥아카데미의 꿈이다. 주민이 스스로 도시를 계획하고 만들며 도시의 주류를 바꾸는 일, 이것이야말로 내가 바라는 시흥의 모습이다.

누군가는 '유난 떨지도 말고 남들이 하는 대로 적당히 하라'고도 한다. 하지만 이러한 '노력'은 시흥아카데미가 잘되길 바라고 응원해 준 모든 사람들과 지방자치를 위한 '책임'에서 비롯된 일이다.

2012년 열었던 시흥아카데미의 첫 번째 학교가 왜 하필 '스웨덴학교'였는지는 뒤에 다시 얘기하려 한다. 바로 '시민의 집, 시흥'을 실현해야 했기 때문이다.

스웨덴 학교2기

시민과 공무원의 거버넌스 실현을 위한 정책학습의 장「시흥아카데미」
「스웨덴학교」복지국가 스웨덴이 우리에게 던지는 메시지
2012.10.23~2013. 1.22 / 시흥시청 참여홀

캠핑안전지도사 기초과정
시흥아카데미 "시흥안전캠핑학교"
▶기간 : 2015. 08. 18(화)~09. 09(수) ▶교육장소 : 시흥시청 참여홀

재미있고 행복한 약초이야기
시흥아카데미 "허준약초학교"
▶기간 : 2015. 03. 18~07. 01 ▶진행시간 : 14:00~17:00 ▶교육장소 : 참여홀

시흥천연잔디

시흥의 경관을 바꾸고
농민의 소득을 올리고
도시의 미래를 바꾼다

왜 잔디입니까?

왜 잔디를 시작했습니까?

공보정책담당관으로 재직하던 2011년, 나는 이 같은 질문을 수없이 받았다. 그 질문 속에는 왜 하필 잔디냐는 물음 하나와, 왜 굳이 공보정책담당관실에서 잔디사업에 관여하느냐는 또 하나의 물음이 담겨 있었다.

잔디사업을 시작하고 난 후 많은 반대 여론과 질타가 이어질 때마

다 나 스스로 생각했다. 왜 잔디를 시작해서 내가 이 고생을 하고 있을까?

그러나 천연잔디사업이 자리를 잡으면서 탄생한 건강하고 안전한 잔디운동장 '맨땅에 그린' 그리고 천연잔디가 농민들에게 대체작물이 될 수 있다는 가능성을 확인했을 때의 기쁨은 실로 컸다.

호조벌에서 시작된 고민이 천연잔디로 이어지고

2011년 당시, 정책기능을 갖고 있던 공보정책담당관실이 먼저 주목한 것은 사실 잔디가 아니라 호조벌이었다. 지금이야 호조벌에 대해 모르는 사람이 거의 없지만 당시만 해도 많은 사람들이 호조벌에

대해 잘못 알고 있거나 관심이 없었다.

　호조벌은 300년 전만 해도 논이 아니라 긴 갯고랑으로 바닷물이
드나들던 바닷가였다. 호조산하 진휼청에서 우여곡절 끝에 방죽을
축조하면서 1721년(경종1년) 논으로 재탄생 했다. 호조벌은 굶주리
는 백성을 위해 방죽을 축조하고 대규모 간척을 통해 농경지를 일군
조상들의 땀과 눈물 그리고 지혜가 숨쉬는 곳이다.

　나는 호조벌이 역사적 보존 가치도 크지만 시흥의 브랜드가 될 수
있는 땅이라는 생각을 했다. 브랜드 탄생의 기본인 스토리텔링 재료
도 충분했다. 실제로 후에 시흥 100년 사업을 하면서 '호조벌 스캔들'
이라는 연희극이 탄생하기도 했다. 도시브랜드를 만들고 키우는 일
은 공보정책담당관의 가장 중요한 업무 중 하나이다. 2012년 3월, 담

당관실에 호조벌 팀을 만들었다. 직원들은 지하수맥 조사, 경관 변화 등의 정책연구를 수행하고, 호조벌을 가꾸고 보존하는데 필요한 여러 가지 사업을 추진했다. 그 일환으로 친환경 농법을 구상하고 농민들을 설득해 우렁이 농법 시범포를 만들었다. 시흥에 친환경 우렁이 농법이 처음 시작된 것이 바로 이때다. 첫 번째 수확한 쌀의 이름은 구휼미였다.

또 하나, '친환경 농법'과 함께 나와 직원들이 집중했던 일은 '대체작물'이었다.

"무엇을 해야 시흥의 경관을 바꾸고, 농민들의 소득도 올리고, 도시의 미래를 바꿀 수 있을까?"

이러한 고민에 고민을 거듭한 끝에 얻은 답이 천연잔디였다. 사실 시흥시가 잔디사업을 시도한 것은 이때가 처음은 아니다. 2011년 생명농업기술센터는 전문가의 자문과 연구에 따라 지금의 생명농업기술센터 자리에 미국 종자의 스포츠잔디를 파종했다. 하지만 결과가 좋지 않았다. 기후환경 등이 안 맞아서 다 말라죽고 말았던 것이다.

그래서 2012년 생명농업기술센터에 잔디사업을 새롭게 정책으로 제안했다. 예산은 4,200만원. 하지만 잔디사업에 대한 이해도가 낮은 상태에서 시작했기 때문에 다른 작물의 생산 방식을 답습할 수밖에 없었다. 호조벌에는 농민 한 분이 보조금을 받고 논을 메우고 있었다. 이 분은 한국 잔디를 심고, 묘자리에 소위 말하는 '떼'를 입히는 것을 판로로 생각하고 있었다. 처음에 잔디사업을 시작한 목적과 맞지 않다고 피력했지만, 잔디농사가 안되는데 그럼 어떡하냐는 안타까운 답변만 돌아왔다.

호조벌의 비밀

대부분의 도시를 보면, 외곽에서 도시 한복판으로 갈수록 건물들은 높아지고 사람과 차는 많아진다. '도심'이 지닌 보편적인 특징이라고도 할 수 있겠다. 하지만 시흥시는 사정이 좀 다르다. 오히려 정반대에 가깝다.

시흥시 지도를 펼쳐놓고 한가운데를 가리키면 아마도 호조벌이 아닐까 싶다. 시흥시 한복판, 남북으로 관통하고 있는 39번 국도 오른편에 자리한 드넓은 벌판이 호조벌이다.

처음엔 나도 참 낯설었다. 도시 한 가운데 평야라니? 게다가 서울하고 얼마 멀지도 않은 수도권 도시 한 가운데에 평야가 펼쳐질 줄 누가 상상이나 할 수 있었을까?

궁금하면 참지 못하는 탓에 공부를 시작했다. 자료도 찾아보고, 풀리지 않는 문제들은 직접 주민들을 찾아가 여쭤보면서 퍼즐을 맞춰나갔다. 수업료를 치른 셈이다.

호조벌의 비밀을 풀기 위해서는 무려 300여 년전, 조선시대로 거슬러 올라가야 한다. 임진왜란과 병자호란을 거듭 치렀던 17세기 초반의 조선은 그야말로 만신창이였다. 황폐하기짝이 없었다. 일단 먹고 사는 문제가 매우 시급했다. 조정은굶주리는 백성을 위해서 어떻게든 대책을 마련해야만 했다.'밥'의 소중함이야 그때나 지금이나 여전히 최우선의 문제이니까.

가장 좋은 방법은 농토를 넓히는 것. 그러나 육지에는 말 그대로 여지餘地가 없었다. 당시 기술력이나 상황으로는 그랬다. 그래서 생각해낸 것이 바로 '간척'이었다. 바다를 메워 새땅을 얻는 일. 우리 역사에서 보기 드물게 대규모 간척사업을시행했던 때가 바로 이때다.『승정원일기』에 따르면 호조벌은1721년경종 1년 무렵에 완공됐다고 한다.

"안산과 인천 두 읍의 경계에 둑을 쌓아 논으로 만들 만한
곳이 있는 까닭으로따로 감관(監官)을 정하고 군정(軍丁)을
고용해 일을 시작하여 지금 이미 완성하여 끝냈으니, 서울
근처에서 이렇게 수 백 석을 얻는 논을 얻었으니 진실로 다
행한 일입니다."

-『승정원일기』

호조벌은 현재의 시흥시 미산동·하중동·하상동·포동·매화동·도창동·안현동 일대에 이르는 약 150만평의 농토를 말한다. '호조벌'이라는 명칭은 둑을 쌓는 일을 담당했던 '호조戶曹'의 이름을 본떠서 만든 것으로 보인다. 호조는 오늘날로 치면 '기획재정부' 쯤 되었던 기관이었고, 총괄책임을 맡았던 호조판서가 인현왕후의 동생이자 노론의 핵심 인물인 민진원閔鎭遠이니, 당시 이 일이 얼마나 중차대한 것이었는가를 가늠하게 해준다.

완벽한 초짜들의 잔디 도전기

좋다, 그러면 우리가 하자. 우리가 해보자. 잔디사업을 시작하기 전까지 나와 직원들은 누구도 잔디를 키워본 적이 없는 완벽한 '초짜'들이었다. 그렇다고 시의 예산을 가지고 공사발주 식으로 잔디사업을 하는 것은 의미가 없었다. 이런 상황에서 '농민이 따라 할 수 있는 방법'을 모색하고, '농민이 감당할 수 있는 자본'만 들여서 잔디 농사를 짓기로 했으니 더 어려웠다. 게다가 모든 이들이 해 보기도 전에 실패로 결론을 내린 채 우리를 쳐다보고 있지 않은가.

2012년 가을. 두려웠지만 호조벌에서의 잔디 농사가 시작되었다.

시흥천연잔디구정 조성

호조벌은 축구장 한 개, 약 3,000 평 정도의 적당한 면적에 물왕저수
지 물을 활용할 수 있는 최적의 장소였다. 잔디는 배수는 물론 물이
잘 맞아야 하지만 당시에는 관정을 판다든지 하는 여력이 안되어서
자연지형을 최대한 이용하려고 노력하였다.

봄에 계약하였지만 방치되었던 호조벌에는 잡초가 무성했다. 가
을이 가기 전에 파종을 해야 했지만 잡초를 제거할 돈이 없었다. '예
초기로 잡초를 벨 돈'과'베어낸 후 잡초를 들어낼 돈' 중에 선택해야
되는 상황이었기 때문이다. 그리고 농민들에게 일당을 드리고 잡초
베는 일을 맡겼다.

다음날 나를 포함한 직원 네 명은 호조벌 잡초를 거둬내기 위해 새
벽같이 모였다. 첫 번째 노가다(?)였다. 잡초의 양은 실로 엄청났다.
게다가 생풀이라 무게가 예상과 다르게 많이 나갔다. 사정이 이러하

니 사무실에서 컴퓨터나 두드리던 샌님들의 고단함은 말해서 무엇하랴.

이렇게 기본 토양을 만들고, 성토 작업에 착수했다. 돈을 조금이라도 아끼기 위하여 도로공사 할 때 산을 절토한 양질의 토사를 지원받았다. 다음에는 포크레인이 와서 땅을 파고 유공관을 묻고, 자갈을 넣고 기본 배수 시설을 했다.

그리고 잔디를 깔기 위한 모래를 주문했다. 초짜 티가 많이 났던 것일까. 공사업체에서 저급 자재를 공급해 모래에 돌이 많이 섞여 있었다. 직원들이 모두 돌 고르기에 나설 수밖에 없었다. 모래 평탄화 작업을 위해 직원 차에 쇠 그레이팅을 매달아 몰고 다니면서 땅을 골랐다. 돈이 없으니 생긴 웃지 못할 일이었다.

잔디를 키우는 과정은 온통 자문의 연속이었다. 이 사람은 이렇게, 저 사람은 저렇게 말하는 등 믿음직스럽게 길을 제시하는 사람이 한 사람도 없었다. 결국은 모두 나와 직원들의 몫이었다.

우연한 만남, 그리고 시흥으로 날아온 독일 잔디

스포츠잔디 S311, 우리가 키운 잔디 종자다. 이 독일 잔디가 어떻게 시흥 땅까지 왔을까. 나는 일찍이 독일 잔디 종자를 눈독 들이고 있었다. 정책 연수 때 방문했던 독일 남부의 잔디 농장을 보고 독일 잔디의 우수성과 재배과정의 전문성을 눈으로 확인했기 때문이다.

게다가 현지에서 좋은 평가를 받고 있었던 독일 잔디 회사까지 점 찍어 뒀다. 하지만 독일 회사와의 접촉이 쉽지는 않았다. 시흥시에서 수입하려고 하는 잔디 종자의 양이 매우 적었고, 수출입 과정에서 직원들의 비전문성 등이 발목을 잡은 것. 현지 회사가 적극일 이유가 전혀 없었던 것이다.

호조벌은 조금씩 조금씩 파종할 채비를 갖춰나가고 있었지만, 정작 파종할 종자가 준비되지 못한 채 시간만 가고 있었다. 미국 잔디를 심던지, 아니면 무엇이라도 어떻게 해야 할 상황이었다. 하지만 궁하면 통한다고 했던가. 독일 종자를 시흥 땅에 뿌리내리게 해 준 것은 마침 시청을 방문한, 해외로 운동기구를 수출하는 사람이었다.

"독일에도 회사가 있어요?"

"우리 좀 소개해 주실 수 있나요?"

다급한 목소리가 전해졌을까. 이후 운동기구 수출회사 독일 현지 지사장은 성심성의껏 우리를 도와주었다. 독일 잔디 회사와 수출 단가 등을 조정해 주고, 많은 종자 중에서 어떤 것이 가장 적합한지 끊임없이 물어봐 주었다. 독일 회사 입장에서는 겨우 몇 포대 사가면서 많은 질문을 해대고 시간을 뺏는 한국의 시흥 사람들이 귀찮았을 테지만 우리는 다른 방도가 없었다.

"한국은 기후환경이 이탈리아랑 비슷하다. 이탈리아에서 잘되는 종자로 하는 것이 좋을 것 같다. 이 종자는 따뜻한 곳에서도 잘 자라지만 추운 곳에서도 잘 자란다. 로마에서 함부르크까지 다 잘되는 종자다."

독일 회사는 스포츠잔디를 추천해줬다. 그것이 우리가 키운 S311이다. 국내에서 처음 재배되는 품종이라서 정보 부족으로 어려움도 많았다. 잔디 재배를 하고 있던 타 시군을 방문해 봤지만 객관적인 데이터보다는 직관이나 경험에 의존하고 있어서 결국 우리는 직접 부딪힐 수밖에 없었다.

나는 전문가들과 함께 현장을 분석하고 파종 시기부터 비료와 약을 주는 시기까지 하나하나 실험하고 연구해 가면서 잔디를 재배했다. 여러 차례 시행착오를 겪으면서 결국 최적의 시비량과 횟수, 관수법에 대한 지식을 익혀갔다.

　그동안의 고군분투를 아는지 모르는지 잔디는 무럭무럭 자라났다.

맨땅에 헤딩? 맨땅에 그린!

　2013년 여름, 잔디사업은 다시 어려움에 맞닥뜨렸다. 120년 만에
내린 폭우 때문이었다. 장마는 길었다. 68일 동안 엄청난 양의 비가
쏟아졌다. 폭우는 잔디밭을 물에 푹 잠기게 했다. 비가 40~50일간 계
속될 때는 논에 물벌레가 살고 하수구 냄새가 진동했다. 그냥 놔두

면 잔디는 썩는다. 물을 퍼내야 한다. 직원들과 구덩이를 파고 물 퍼내는 일을 반복했다. 잔디 농사는 실패하는 것인가. 불안감이 밀려왔다. 반포기 상태에서 장마가 끝나고 가을이 왔다. 신기하게도 잔디는 엄청나게 빠른 속도로 회복되고 있었다. 2013년 가을, 그렇게 다시 태어난 잔디가 호조벌을 뒤덮었다.

호조벌이 제법 잔디논의 모습을 갖추고 나니 '시흥 잔디를 과연 팔 수 있을까'가 또 다른 쟁점이 됐다.

마침 경기도 소재 대학의 보직 교수가 우리 시흥의 천연잔디 이야기를 듣고는 잔디를 사겠다고 제안을 해오기도 했다. 그 교수는 독일 기센대학Justus-Liebig-Universitat Gieβen에서 공부한 사람으로 독일 잔디의 우수성을 알고 있었던 것이다.

'당장 이 잔디를 팔아서 남는 것은 무엇일까.'

몇몇 직원은 이번 기회에 시흥 천연잔디가 경쟁력이 있다는 것을 증명하자고 제안하기도 했다. 하지만 단순히 시 예산을 늘리기 위하여 잔디사업을 시작한 것이 아니었다. '시흥의 경관을 바꾸고, 농민의 소득도 올리고, 도시의 미래도 바꿀 수 있는' 대체작물로서 선택한 잔디 농사였다. 잔디사업의 방향을 벼농사 위주의 단작형 농업에서 벗어나 스포츠 융합형 농사인 '스포츠 경관 농업'으로 정한 것도 농가의 소득 증대와 시흥시의 브랜드 가치 향상을 기대할 수 있기 때문이었다.

나와 직원들은 당장의 이익을 위해 잔디를 팔기보다 제대로 된 견

폭우로 인해 잠긴 잔디밭의 물을 직접 퍼내는 장면

시흥세무서 앞 공간의 잔디조성 전

본 운동장을 만들자고 의견을 모았다. 누군가 견본 운동장을 보고 자신도 그대로 따라서 잔디를 재배하고 운동장까지 만들어낸다면 더할 나위 없다고 생각했다.

'구휼미' 두 포대 들고 청와대로

2013년 12월 나는 의회에 견본 운동장을 만드는 예산을 세워달라고 요청했으나 전액을 삭감 당했다. 하지만 절실한 마음은 청와대까지 발걸음을 옮기게 했다. 나는 잔디사업 확장 예산을 확보하기 위

5장 시흥에도 도시브랜드가 필요하다

해 청와대를 방문했다. 호조벌의 가치를 알리기 위해 호조벌에서 생산된 구휼미 두 포대도 챙겼다.

물론 예산 지원을 확신한 것은 아니었다. 천연잔디사업을 위해 무엇이든지 해보자는 절박한 심정이었다. 천연잔디사업 가능성을 정부에서 인정한 것일까? 결국 우리는 5억원의 특별교부세를 받을 수 있었다.

그렇지만 5억원으로 원하는 수준의 운동장을 만들기 위해서는 다시 몸으로 뛰고 배우고 연구해야 했다. 어떻게 하면 배수도 잘되면서 값싸게 만들 수 있을까? 잔디 관리는 어떤 방식이 가장 효율적인가.

정책기획단 위원들, 토목기술사들, 도움이 될 수 있다면 누구든지 함께 고민하고 끊임없이 연구했다. 독일에도 묻고, 미국에도 묻고 또 물었다. 결국 5억원으로 호조벌에서 가져 온 잔디를 활용해 축구장 두 면을 만들었다. 이게 바로 정왕동 1799-2, 4번지 '맨땅에 그린'이다.

아이들이 맘껏 뛰어 놀 수 있는 잔디밭

'잔디밭에 들어가지 마시오.'

우리 주변에서 흔히 볼 수 있는 푯말이다. 너른 잔디밭을 두고는 들어가지 못하고 그저 구경만 해야 하는 것이 다반사다. 하지만 외국은 어떤가. 공원이나 학교 등의 너른 잔디밭에 사람들이 들어가 마음껏 즐긴다. 누워서 일광욕을 하고, 책을 읽고, 아이들이 뛰놀고, 산책을 한다.

우리나라는 잔디를 제대로 알고 관리하는 곳이 거의 없고 적은 수의 잔디광장에 사용이 집중되다 보니 '잔디 보호'가 미덕이 됐다. 실제 우리나라에 아무런 기술 없이 심어진 국산 잔디는 밟는 힘에 약해 쉽게 죽고, 가을 이후에는 휴면에 들어가 황색이 오래 지속되는 단점이 있다.

외국은 가능한데 우리나라는 정말 불가능한 것 일까? 아니다. 그

렇지 않다. 나는 우리나라에서도 충분히 가능하다고 확신했다. 시흥시가 독일 종자 회사에 의뢰하여 고온다습한 기후와 답압에 강한 품종의 잔디를 들여오고, 모래 위에 잔디를 식재하며 실험을 강행한 것도 '들어가서 마음껏 뛰놀 수 있는 잔디'를 만들기 위해서였다.

"이렇게 천연잔디에서 마음껏 공을 차보는 것이 얼마만인지…. 천연잔디를 밟아 본 사람들은 그 장점을 몸소 느낄 수밖에 없어요."

천연잔디 운동장에서 공을 차 보려는 사람들이 늘어나고, 축구 동호회 사이에서 이런 호평이 이어지자 참으로 뿌듯했다. 2014년 9월 '맨땅에 그린'은 바라캠핑을 시작으로 일반인에게 개방됐다.

대한민국은 '인조 잔디' 왕국이다. 2002년 열린 월드컵 대회 이후 축구 부흥을 위해 잔디 운동장이 많아져야 한다는 여론이 일었고 전국의 학교 운동장, 체육공원 등에 인조 잔디가 깔리기 시작했다. 하지만 서서히 인조 잔디가 지닌 문제점이 노출되기 시작했다. 환경호르몬에 중금속 오염, 한 여름에는 화상을 입는 경우도 많았다. 우리 아이들이 이런 운동장에서 생활한다는 건 있을 수 없는 일 아닌가.

그러나 천연잔디 운동장 보급을 전국으로 확대하려면 인조잔디보다 적은 비용으로 조성하고, 적은 비용으로 관리가 가능해야 한다.

'맨땅에 그린'은 그런 장점을 갖추고 있었다.
조성 비용과 관리 비용이 인조잔디보다 적게 들기 때문이다.

환경호르몬 검출 등의 문제에서 해방될 수 있다는 강점도 있다.

이것 역시 잔디사업을 추진하는 과정에서 경험으로 얻은 것이다.

인조잔디 구장을 조성하는 비용의 50~60% 정도의 비용이면 천연잔디 구장을 만들 수 있다. 인조잔디 구장은 5년마다 인조잔디를 새로 깔아야 한다는 한계도 지니고 있다. 전체 비용을 따지면 천연잔디의 관리 비용이 더 비싸다고 할 수 없다.

인조잔디의 문제점은 이미 널리 퍼져 있다. 2014년 1월, 경기도는 인조잔디의 문제점을 인식하고 학교 운동장용 천연잔디를 개발하겠다는 내용의 보도자료를 배포했다. 흙먼지가 풀풀 날리는 학교 운동장에 친환경 천연잔디를 깔겠다는 계획을 밝힌 것이다. 경기도의 초·중·고등학교 가운데 천연잔디가 깔린 학교 운동장은 고작 1.9%에 불과한 것이 현실이었다.

'맨땅에 그린'은 또 하나의 커다란 질문과 답을 남겼다.

천연잔디 운동장은 누가 어떻게 관리해야 할 것인가? 비용이 많이 드니 아무나 잔디관리회사를 만들 수 없다.

그렇다면 그 역할을 누가 해야 하는가? 공공성을 갖고 있는 지방정부의 몫이 될 수밖에 없다. 잔디 육성 사업과 반드시 병행해야 하는 것이 잔디 관리 사업이다. 따라서 시흥시에 잔디를 전문적으로 관리하는 회사 '녹색발전소'가 설립된 것은 어쩌면 당연한 일이다.

심각한 미세먼지 공포, 환경을 위해서도 천연잔디는 필요하다

시흥시는 '맨땅에 그린' 외에도 정왕동 희망공원과 MTV 내 한국산업기술대학교 부지 내에도 천연잔디를 조성했다. 3천 평으로 시작된 천연잔디는 3만 평 이상으로 확대됐다. 그뿐이 아니다. 시흥시는 '천연잔디의 메카'로 주목받고 있다. 덕분에 전국에서 천연 잔디를 벤치마킹하는 발길이 계속 이어지고 있다.

시흥시는 잔디 사업의 주체를 시가 아닌 시민으로 전환하기 위한 작업도 꾸준히 해왔다. 2013년 12월에는 시흥아카데미 강좌에 잔디학교를 열어 시민들의 참여를 유도했다. 잔디 전문가를 육성하고 천연잔디를 확산시키기 위한 중요한 포석이라고 할 수 있다. 나는 잔디학교 교장으로 그간의 경험과 연구 결과를 잔디학교 수강생들과 공유했고 잔디학교 수료생들은 '시흥잔디연구회'를 만들어 활동을 이어갔다.

전국적으로 천연잔디가 확산되는 것은 환경과 생태적 측면에서도 매우 유익한 일이다. '생명 존중'의 정신을 바탕에 깔고 추진한 잔디사업은 시흥시의 미래 뿐 아니라 대한민국의 미래를 위해서도 무척 의미 있는 일이라고 생각한다. 화창한 날은 점점 줄고 하루가 멀다하고 계속되는 미세먼지의 공습으로 불안한 요즘에 나는 그 많은 어려움에도 불구하고 천연잔디사업을 시작하길 참 잘했다고 생각한다.

바라지와 산업단지의 도시, 시흥

역사와 기록

내가 유별나게 좋아하는 게 있다면 바로 역사와 기록이다. 내가 시흥에 대해 매력을 느끼게 된 것도 시흥의 역사를 공부하고 난 뒤부터이다. 시흥 토박이 분들과 이야기 나누는 것이 즐거운 것도 시흥 사람, 시흥 역사에 대한 호기심이 많았기 때문이다.

역사를 중요하게 생각하다 보니, 기록하는 것에도 애착이 생겼다. 혹자는 기록되지 않은 역사는 존재하지 않는다고도 말한다. '시흥 땅, 이름에 남아있는 향기'는 그래서 만들어졌다. 컨테이너 박물관 '기억창고'를 만드는 과정도 쉽지 않았지만, 꼭 해야 할 일이었다. 더 많은 자료를 모아서 시민들과 함께 시흥시를 대표하는 박물관을 만드는 꿈도 갖는다.

시흥땅 이름에 남아있는 향기 '낮은 기억을 기록하다'

컨테이너 박물관 기억창고 개관식은 여러 언론의 주목을 받기도 했다.

시흥은 농촌과 어촌, 산업단지 등 다양한 삶의 모습을 간직하고 있다. 그러나 빠른 변화 속에 사라져가는 것들에 대한 관심과 정리는 부족하고 지역의 소중한 이야기와 기억이 잊힐까 안타깝다. 견고한 도시브랜드를 정립하고 차별화된 도시경쟁력을 확보하기 위해서는 도시는 자체의 역사와 문화를 기반으로 해야 한다. 역사는 마을의 보물이 되고, 기록은 이를 더 풍부하게 한다.

역사는 마을의 보물이 되고, 기록은 이를 더 풍부하게 한다.

시흥 100년 사업과 도시의 정체성

뉴욕, 파리, 런던, 로마, 이탈리아... 이들 도시는 전 세계적으로 브랜드 가치가 높은 도시들이다. 이 도시들은 삶의 질 또한 높다. 나는 시흥시 시민소통담당관으로 재직하면서 우리 시흥시의 도시브랜드를 만드는데 주력해야겠다고 생각했다. 도시브랜드 가치 향상이 '시민의 삶의 질'과 불가분 관계이고, 이 시대 지방정부가 반드시 해내야 하는 책무라고 생각했기 때문이다.

일부에서는 시흥처럼 크지 않은 도시에도 도시브랜드라는 것이 필요한 것이냐며 의문을 제기했다. 그러나 나는 우리시에 '도시브랜드를 키우고 가치를 정립하는 것'은 선택사항이 아니라 필수라고 생

시흥100년 기념사업 조직위원회 위촉식

시흥100년 청소년위원회 워크숍

각했다.

　시흥시는 그동안 지역을 대표할만한 대표 이미지가 없고 시민들의 자긍심과 공동체 의식이 부족하다는 평가가 많았다. 시흥시만의 이야기가 없다는 것이다. 2013년에 발표한 통계를 보면 시흥 시민 중 시흥에서 출생한 사람은 10% 정도에 불과하다는 점을 확인할 수 있는데, 지역 토박이들이 적고 외지인들이 많은 지역적 특성을 잘 보여주는 결과이다.

　도시브랜드는 도시가 지나왔던 시간과 공간 속의 가치, 각 시기를 살았던 사람들의 생활양식, 이러한 과정들의 총합이다. 결국 도시브랜드는 도시의 정체성을 보여주는 것으로 오롯이 자기의 이야기를 할 때 완벽해진다.

시흥100년 그리고 시흥, 시흥사람

'시흥' 이라는 이름을 얻기까지의 역사적 과정, 시흥이 가진 다양한 도시자원, 그리고 미래 100년을 향하는 시흥의 힘찬 발걸음을 담고 있다. 시흥100년 사업의 일환으로 만들어졌다.

여기에 시민들의 자치력이 더해져 지역 안에서 먹거리를 해결하고 그것이 다시 브랜드로 자리 잡고 시민의 삶의 질이 높아지는 선순환 구조가 마련된다면 지방정부는 역할을 다 한 셈이다.

2013년 1월, '시흥 100년' 팀이 공식 출범했다.

시흥 100년 사업을 위해서만 모인 프로젝트 팀이었다. 그렇다면 무엇 때문에 없던 팀까지 만들어가며 시흥 100년 사업을 진행했을까.

100년 사업이 남긴 것은 무엇일까.

나는 시흥 100년 사업의 모든 과정을 '도시 정체성'이라는 말로 압축하고 싶다.

앞서도 얘기했지만 2009년 8월 20일 당시 안산시장은 "취임 초부터 시흥시와의 통합을 구상해왔고 시 내부적으로도 준비해 왔다. 조만간 시흥시에 공식 제안할 방침"이라면서 시흥시와 안산시의 통합 의사를 밝혔다.

당시 행정안전부는 마산·창원·진해의 통합을 추진하겠다고 나섰고, 성남과 하남의 통합도 가시화되어 있는 상황이었다. 행정안전부에서는 '주민의견 조사 찬성률 50%'라는 통합 추진 방식을 내놓기도 했다. 이러한 때 시흥시 역시 행정구역 통합 논의 선상에 오르면서 문제가 불거졌다.

나는 신문기고 등을 통해 반대 의사를 표명했고 시흥시 역시 "행정구역 통합은 지역 및 정서적 배경이 동일한 지역을 대상으로 폭넓은 시민 의견수렴 등을 바탕으로 입장을 정리해야 한다"면서 "아직 통합에 대한 여론 수렴 등의 논의가 없는 상태에서 타 자치단체와의 정상적인 업무 협의 절차도 없이 일방적으로 언론에 발표하는 식의 행태는 적절한 처사가 아니다"라는 입장을 밝혔다.

시는 각 동별로 설명회를 갖고 통폐합에 대한 논의를 시작했다. 당시의 통폐합 추진은 자치도시로써의 비전과 계획을 가지고 나온 것이 아니었기 때문에 당연히 반대 여론이 많을 것으로 짐작했으나 대체적인 반응은 찬반을 넘어 시큰둥했다.

심지어 정왕권역에서는 안산과, 소래권역에서는 부천과 통합해달라는 요구를 하기도 했다. 주민투표 결과 시흥 시민의 67%가 반대하여 과반수인 50%를 넘지 못하여 통합은 무산되었지만 권역별 입장 차가 분명하였다.

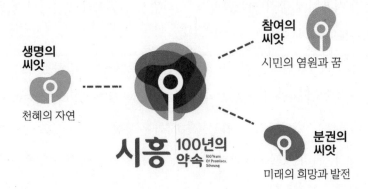

생명의
씨앗
천혜의 자연

참여의
씨앗
시민의 염원과 꿈

분권의
씨앗
미래의 희망과 발전

시흥 100년의
약속
100 Years
Of Promises.
Siheung

시흥100년 엠블럼

소래권역의 주민들은 통합에 반대하는 비율이 높았지만, 정왕권역에서는 통합에 찬성하는 비율이 50% 이상으로 나타났다. 각 권역의 생각이 따로따로, 완전히 다른 도시였다. 낮은 공동체 의식으로 '시흥'이라는 이름은 배제돼 있었다. 시흥시의 인지도가 떨어지고 도시브랜드가 낮은 것은 당연했다. 도시를 하나로 모으고, 시흥의 이름을 되찾아 줄 도시 '정체성'이 필요했다.

'시흥'이라는 특별한 이름

도시의 정체성은 어디에서 나오는가?

나는 시흥의 역사에 집중하는 것이 중요하다고 생각했다. 역사 속의 시흥은 놀랄만한 도시였다. 시흥이라는 이름은 고구려 시대 장수

왕 때부터로 거슬러 올라가며 우리나라에 남아있는 많지 않은 고구
려 시대의 지역 이름이다.

이러한 역사 속에서 지금의 '시흥 땅'이 '시흥'이라는 이름을 얻은
지 100년이 다 되어간다는 흥미로운 사실도 발견했다. 연구 당시인
2012년을 기준으로 2~3년 후면 시흥 100년이 되는 해, 2014년이었다.

'시흥'이라는 지명은 역사 문헌상 〈고려사〉에 처음 등장한다. 여
기서 말하는 시흥은 현재의 서울시 금천구를 중심으로 한 지역이다.
고려 성종 14년995년에 고려의 지방체제를 10도로 정비하여 지금의
서울, 경기 일원을 관내도에 소속시켰다. 이즈음에 관내도에 속해
있던 금주가 시흥이란 별호를 갖게 됐다. 이후 조선시대 정조 19년
에 정조가 부왕인 사도세자의 능행을 위해 안양에 만안교를 가설한

후 시흥현으로 이름을 바꾸었다.

시흥현은 100년 후인 1895년 시흥군으로 승격, 1914년 안산군이 폐지되면서 우리 시 남쪽 지역에 해당되는 안산군의 6개 면이 군자면, 수암면으로 재편되어 시흥군에 편입되었다. 1914년의 행정개편을 통해 만들어진 시흥군은 9개 면, 83개 동리를 갖춘 당시로서는 매우 큰 군이었다. 그 후 100년의 흐름 속에서 시흥군은 경기도 6개 시, 서울특별시 6개 구를 탄생시켰으며 그 속에서도 우리 시흥시는 끝까지 '시흥'이라는 이름을 지켜왔다.

내가 역사를 유난히 좋아하기 때문일까? 나는 '시흥 100년' 사업이 시흥의 과거와 현재, 미래를 아우르며 도시의 정체성을 확립할 수 있는 중요한 계기가 될 것으로 확신했다. 정체성을 더 명확하게 해 줄

시흥100년 타임캡슐 매설식

역사적 스토리도 충분했으니 그야말로 금상첨화였다.

"2년 후면 우리가 시흥이라는 이름을 얻은 지 100년입니다. 이 도시의 정체성을 모으기 위해서는 100년 사업을 해야겠습니다."

호기롭게 말을 꺼냈으나, 반응은 뜨뜻미지근했다. 시흥 100년 사업은 단순히 100돌 생일잔치 이벤트를 하려는 것이 아니었기 때문에 많은 사람들의 협조와 도움 없이는 불가능한 사업이었다. 고맙게도 그 당시 시흥 토박이였던 시의원들이 시흥 100년 사업의 철학에 공감하고 100년 특별위원회를 만들어 사업을 지원하기 시작하였다.

이렇게 하여 순항하는 듯하던 시흥 100년 사업이 엉뚱한 곳에서 논란이 불거졌다. 시흥 100년의 기준점으로 삼은 '1914년'이 문제였다. 어떤 이는 금천현이 시흥현으로 바뀌며 최초로 시흥이라는 명칭을 사용하기 시작한 1795년(정조 19년)이 시흥시의 시작점이라 하고, 또 다른 이는 1989년에 시흥이 '시'로 승격했으니 시흥시의 역사는 불과 20여 년이라고도 하였다.

그리고 시흥의 시작은 1914년이 아니라 '시흥군'이 생겨난 해인 1895년이 아니냐는 이야기도 있었는데 이는 그 당시 시흥군이 지금의 시흥시 권역과는 전혀 무관한 곳이라는 점에서 옳지 않은 말이었다. 또 지방정부의 정통성을 1914년 일제 강점기의 행정조직 개편에서 찾아서야 되겠느냐는 말도 나왔다.

시흥의 정체성을 찾아가고자 시작한 100년 사업은 1914, 1989, 1795 숫자를 맞추는 것으로 논점이 흐려지고 있었다.

1914년을 기점으로 시흥 100년의 역사를 되짚고자 한 것은 지금의 '시흥 땅'이 '시흥'이라는 이름을 얻고 선조들이 터를 일군 것에 의의를 둔 것이다. '시흥'은 '시흥 사람들'이 '시흥 땅'에서 살고 있는 한, 포기하거나 버릴 수 있는 이름이 아니므로 그 가치를 더 키우는 것이 맞다고 판단한 것이다.

시흥 100년 사업은 '시흥'을 찾는 첫 번째 발걸음이 되었다. 시흥이라는 이름이 왜 생겨났고, 왜 우리가 이 땅 위에 존재하는지 재정립하는 시작점인 것이다. 지금 생각해보아도 시흥 100년 사업은 시흥시의 정체성을 구축하고 도시브랜드를 한 단계 더 높이는 중요한 전기가 된 것은 틀림없다고 생각한다.

시흥, 시민에게 길을 묻다, 원탁에서 만난 900명의 시민들

2013년에 본격적으로 시작된 시흥 100년 사업의 중요 키워드는 '시민'과 '참여'였다. 도시브랜드는 자연발생적인 것이 아니기 때문에 많은 사람들에게 알리고 오래도록 기억될 수 있게끔 하는 것이 중요하다. 시민 참여에 중점을 둔 다양한 '시흥 100년 기념 사업'이 기획되고, 시흥 100년 기념 사업 민관 운영위원회와 시흥 100년 서포터즈도 구성되었다.

시흥시민원탁회의는 이러한 '시민 참여' 철학이 고스란히 묻어 있

는 기획이었다. 원탁회의는 시에서 처음 시도된 대규모 릴레이 토론
회로 시흥 시민 900명이 함께하였다. 시의 지리적 위치 및 생활권을
고려하여 세 차례로 나누어 북부권, 남부권, 중부권 순으로 진행되
었다.

　원탁에 둘러앉은 시민들은 직접 시흥의 현재를 진단하고, 미래
100년을 위해 무엇을 해야 할지 의견을 나눴다. 공통의제 1개, 권역
별 의제 1개를 놓고 장장 3시간 동안이나 토론이 계속됐다.

　공통의제로 주어진 '미래 시흥 100년을 위한 살기 좋은 도시를 만
들기 위해 지금 시흥이 해야 할 일'에 대해 북부권 시민의 40% 이상

원탁회의_시흥, 시민에게 길을 묻다

이 '시흥의 특색을 살리는 개발'을 꼽았다.

시민들의 거주기간이 길고 노령인구 비율이 시흥에서 가장 높은 북부권은 문화 · 체육시설 확충(16%), 교통환경 개선(13%)을 다음 순위로 꼽는 등 생활의 불편을 호소하는 목소리가 많았다. 이 외에도 더 좋은 교육환경, 도시기반 정비, 지역별 특화 및 통합적 도시계획 등의 주문이 있었다.

이와 달리 남부권은 미래 100년을 위해 '더 좋은 교육환경(27%)'이 우선이라고 의견이 많았다. 이어 주민 편익시설 확충(17%), 교통환경 개선 (12%) 등의 의견이 뒤를 이었다.

그리고 좋은 일자리 창출, 도시 기반 정비, 도시 치안 강화 등이 뒤를 이었다. 남부권은 배곧신도시 개발과 서울대학교 국제캠퍼스 유

코끼리가 된 남자

치에 대한 기대감이 크고 시흥스마트허브 등이 있어서 산업의 중심지 역할을 하는 곳이다. 거주기간이 짧고 1인 가구(전체 가구 중 42%)와 외국인 비율이 시흥에서 가장 높은 곳이기도 하다.

중부권은 '환경 자원의 보존적 개발(26%)'을 시흥 100년을 내다보는 최우선 과제로 제시하였다. 교통환경 개선(20%), 더 좋은 교육환경(16%)이 다음 순위를 차지하였다. 도시 기반 정비, 문화체육시설 확충, 시민참여 프로그램과 행정마인드 변화를 요구하는 목소리도 있었다.

중부권은 시의 중심지역인데다 시청을 비롯한 행정기관이 모여 있는 곳으로 지역개발이 상대적으로 활발한 편이다. 또 관곡지, 갯골생태공원, 물왕저수지 등 시흥의 대표적 생태자원들이 많이 모여 있는 지역이기도 하다.

원탁회의에서 나온 여러 의견들은 현재 시흥이 안고 있는 문제점과 앞으로 해야 할 일이 무엇인지를 잘 보여주었다. 때론 시에 대한 질책이 쏟아졌고 때로는 개인적인 단순 건의사항이 나오기도 하였지만 원탁에 둘러앉은 900여 명의 시민들은 진지하고 또한 열정적이었다.

이때 참으로 많은 시흥 사람을 만나 시흥에 대한 깊이 있는 이야기를 들을 수 있었고 나 역시 이 분들을 통해 시흥에 대한 애정이 이전과는 비교할 수 없을 만큼 커졌다. 지방자치가 멀지 않았음을 새삼 느낀 것이다.

산업단지와 바라지가 시흥에서 갖는 가치

다양한 연구와 시민원탁회의 등으로 발굴한 요소들은 가치 정립과 네이밍 작업을 통해 2014년 '바라지'와 '산업단지'라는 이름을 얻었다.

먼저 산업단지, 즉 시흥스마트허브는 시흥에서 어떤 가치와 의미를 갖고 있을까? 시흥스마트허브에는 약 1만 개에 가까운 기업이 입주해 있고 근로자는 10만 명이 넘는다. 이중 70%는 시흥 시민들이다. 그만큼 시흥 경제에서 차지하는 비중이 높다고 할 수 있다.

생태환경 역시 시흥을 대표하는 자원이었다. 시흥은 몇 년 전까지만 하여도 80% 이상의 공간이 개발제한구역으로 묶여 있었다. 이로 인하여 도시 발전은 더뎠지만, 자연유산은 그대로 남아 시흥을 생태도시로 만들 수 있었다.

배곧신도시

호조벌

월곶포구

5장 시흥에도 도시브랜드가 필요하다

'물왕저수지-호조벌-연꽃테마파크-갯골생태공원-월곶-배곧신도시-오이도로 이어지는 생태자원과 산업단지'. 이러한 자원들은 가치 정립과 네이밍 작업을 통해 2014년 '바라지'와 '산업단지'라는 이름을 붙였다. 시흥시도 '바라지와 산업단지의 도시' 라는 새로운 옷을 입었다. 그리고 2014년 7월, 시민소통담당관실에는 도시브랜드팀이 생겼다.

"도시브랜드팀이요? 홍보랑 브랜드랑 무슨 차이입니까?"

"시흥시에서 무슨 도시브랜드팀까지…."

시흥 100년 사업을 하면서 숱하게 도시브랜드라는 말을 사용했지만, 도시브랜드는 여전히 많은 사람들에게 남의 일이었다. 서울에서나 했음직한 일을 벌이는 느낌이랄까.

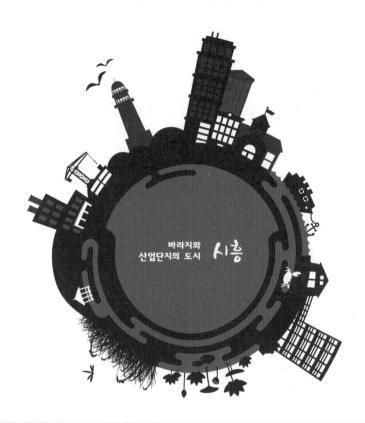

바라지와
산업단지의 도시 시흥

산업단지 〉 오이도 〉 배곧신도시 〉 월곶포구 〉 갯골생태공원 〉 연꽃테마파크 〉 호조벌 〉 물왕저수지

그렇다면 바라지는 무슨 뜻일까?

바라지는 시흥 간척의 역사를 보여주는 생태 자원이다. 사전적 의미로 '바라지'는 누군가를 돌보아주고 도움을 준다는 뜻이다. 실제로 바라지라는 말은 지역 토박이들의 구술에서도 어렵지 않게 들을 수 있었다. 방죽을 이르는 말이기도 하였고 소금기가 가득하여 농사를 지을 수 없는 못 쓰는 땅에 붙여진 이름이기도 하다.

시흥은 충분히 자랑할 만한 자원이 있음에도 그간 제대로 알려지지 못했다. 여러 자원을 묶어 줄 대표적인 도시브랜드가 없었기 때문이다.

바라지와 산업단지는 간척을 통해 시흥 사람들에게 먹거리를 주었던 소중한 자원이니 큰 맥락에서 보면 통합적 요소가 많다.

그러나 도시브랜드를 설명하는 것에는 한계가 있었다. 형상화할

수 있는 이미지가 필요하였다. 좋은 디자인이 가지는 힘은 실로 대단하다. 시민소통담당관실은 먼저 '바라지와 산업단지의 도시' '스카이라인'을 만들었다. 몇 군데의 업체가 퇴짜를 맞는 힘든 과정을 거쳐서 시흥의 스카이라인이 완성되었다. 뉴욕, 파리, 도쿄에 있는 스카이라인이 시흥에도 생긴 것이다. 스카이라인에는 오이도-배곧신도시-월곶-갯골생태공원-연꽃테마파크-호조벌-물왕저수지로 이어지는 바라지에 속한 7가지 요소와 산업단지를 그렸다.

    스카이라인은 짐작했던 대로 반응이 좋았다. 담당관실에는 디자인을 차용하겠다는 다른 부서의 전화가 걸려오기 시작했다. 하지만 여전히 시민들 입장에서는 브랜드 접근성이 떨어졌다. 달라진 시대만큼이나 다양해진 매체, 높아진 시민의 눈을 충족시키는 브랜딩 방식이 필요하였던 것이다.

    우리에게 그 답을 준 것은 재미있게도 일본 구마모토현이었다. 일본 48개 지자체 중 인지도 32위로 하위 그룹이었던 '시골 도시' 구마모토현이 어떻게 전국에서 모범적인 지자체가 되었을까?

흑곰을 소재로 한 쿠마몬은 일본 구마모토 현의 캐릭터로 지역 디자인 사업의 대표적인 성공사례로 꼽힌다. 쿠마몬은 다양한 패키지 상품을 개발해 2015년 약 1조 871억원의 매출을 올리는 등 구마모토 현의 인지도를 높이는데 큰 역할을 하고 있다.

시민이 개발한 상품에 시가 디자인을 입히다

캐릭터 산업이 발달하고 도시 브랜딩에서 앞서나가는 일본의 사례가 우리에게도 맞을까?

도시브랜드를 키우겠다는 욕심과 스카이라인 디자인에 대한 자신감으로 나는 직원들과 함께 전문가의 도움을 받아가며 스카이라인 디자인을 응용한 다양한 상품을 개발하기 시작했다. 그리고 2016년 6월에는 본격적인 판을 벌였다. 오이도에 '바라지i'가 문을 연 것이다.

바라지i의 1차적 기능은 디자인이라는 그물로 도시브랜드 가치를 끌어올리는 것이다. 즉 바라지 스카이라인 같은 브랜드 디자인을 응용한 상품을 개발하고 판매하는 브랜드숍(brand shop)인 셈이다.

이를 통해 연, 포도 등의 기존 지역특산품에 스카이라인 디자인을 입히고, 시흥아카데미 시민연구모임을 통해 연구 · 개발한 전통주, 꿀, 약초 등의 특산품에 상품디자인을 제공해 통합 마케팅을 펼치면

제격이겠다 싶었다.

바라지i에는 갯골생태공원의 해수로 만든 천일염 '바라지 소금'을 비롯하여 티셔츠, 공책, 머그컵, 소통코끼리 인형 등 도시브랜드를 홍보할 수 있는 다양한 브랜드 디자인 응용상품이 전시되어 있다. 이 외에도 바라지 리플릿, 코끼리 교실 교재 등 시흥의 역사·문화·관광 등에 대한 다양한 정보가 담긴 홍보물이 제공되고 있다.

2016년 12월에는 시흥시청에도 바라지i가 생겼다. 시청 정문 앞 경비실을 리모델링하여 시민을 위한 공간으로 되돌려 준 것이다. 이곳에서는 브랜드 디자인 응용 상품뿐만 아니라 전입세대에게 유용한 정보, 시흥의 역사 관련서와 홍보물, 시흥의 관광 명소를 담은 엽서 등이 전시되어 있다.

오이도 바라지i

바라지스카이라인 디자인을 응용한 상품

바라지는 시흥 사람들의 땀과 노력으로 비옥한 수확의 땅으로 바
뀌었고, 오랜 세월을 거쳐 오늘에 이르기까지 많은 시흥 사람들의 삶
을 바라지하는 땅으로 거듭났다. 소금기가 가득한 땅을 비옥한 토지
로 바꾼 시흥 사람들의 도전정신과, 어업에서 농업으로의 삶의 방식
변화로 전국에서 모여든 사람들의 다양성이 고스란히 남아있는 바
라지.

시흥에 국가산업단지가 들어서고 급속한 개발의 바람이 부는 와
중에도 꿋꿋이 자연의 무한한 생명력을 키워내고 있는 바라지는 이
제 우리 시흥의 자랑스러운 대표 브랜드로 성장하여 갈 것이다.

2017년 5월 9일
자치분권, 선택이 아닌 필연
상갓집에서 시작된 분권운동
정치를 하는 동안 무엇이 의미가 있겠습니까.
분권 선도도시 시흥
진정한 자치분권은 어떤 모습일까?
김제동씨가 자치분권 강연자가 된 이유

6장

자치분권

2017년 5월 9일

헌정 사상 초유의 현직 대통령 탄핵 사태가 일어나고 2017년 5월 9일, 대통령 선거가 치러졌다. 국민 모두에게 남다른 의미인 날이겠지만 나에게도 그 의미는 컸다. 일찍 치러진 대통령 선거의 영향으로 7년이나 몸담았던 시흥시청을 조금 더 일찍 그만 두게 된 것이다.

난 오랫동안 자치분권을 하자고 주장해왔던 사람이지만 문재인 선거캠프에서 일하면서 자치분권이 시대정신이라는 것을 더 확신하게 되었다.

자치분권균형발전위원회에서 일하면서 자치분권 공약안을 만들고, 문재인 대통령과 지방분권개헌국민회의의 지방분권개헌 국민협약을 추진했다. 협약문에 △지방분권국가 선언 △주민 자치권 △지방정부의 종류 △보충성의 원칙 △입법권의 배분 △행정권의 배분 △자치조세권 및 자치재정권 배분 △자치조직권 △중앙-지방협력회

코끼리가 된 남자

자치분권 공약을 발표하는 당시 문재인 대통령 후보

지방분권개헌 국민협약식

의 등이 담기게 되었을 때의 기분은 아직도 잊지 못한다.

아직은 자치분권 개헌이나 여러 단위에서의 논의가 남아있지만 백척간두에 서있던 분권운동을 여기까지 끌어 온 것은 선배들과 많은 사람들의 땀이 있었기에 가능했다.

지난 20여 년, 진전이 없는 분권운동에 지칠 때도 있었고 자치와 분권을 이야기한다는 이유로 많은 감사도 받았다. 하지만 나는 이제 자치분권이 시민의 삶을 바꿀 수 있다는 것을 숙명처럼 받아들인다. 자치분권균형발전위원회에서 내걸었던 슬로건 '내 삶을 바꾸는 자치분권'이 꼭 이뤄질 것이라 믿는다.

역사의 거대한 강물이 도도히 흐르고 있다.

자치분권, 선택이 아닌 필연

20여 년을 자치와 분권 이야기를 하며 살아왔지만, 지금 생각해보면 그것은 내 선택이 아니라 필연이 아니었나 싶다.

나는 지방의 대학교를 다녔다. 졸업이 가까워오자 친구들은 하나둘, 고향을 떠나 수도권으로 갔다. 하루가 다르게 점점 커져가는 수도권, 그에 비례하여 지방은 사람이 줄고 일자리가 없는 곳으로 전락하여 점점 위축되어 갔다. 권력이 그리고 경제가 서울에 집중되어 있으니 사람들이 서울로 갈 수밖에 없는 상황이 되풀이되고 있다는 걸 뼈아프게 자각하지 않을 수 없었다.

지방이 무슨 문제를 안고 있기에 이러한 상황으로 내몰린 것인가? 아니다. 문제의 핵심은 분권이 안 되고 있다는 점이다. 지방정부가 중앙정부의 하청 비슷하게 되어 버린 구조적 상황 때문에 생기는 문제다.

상갓집에서 시작된 분권운동

　내가 이런 생각에 빠져있을 때 모교인 경북대학교의 총장님이 상을 당하여 문상을 가게 되었다. 1990년대 초반이었다. 초상집에는 김형기 교수를 비롯해 당시 대구 지역의 진보적 학자들이 여럿 자리하고 있었다. 미국에서 공부를 했던 총장님이 평소 로컬리즘, 즉 지역주의 얘기를 종종하셨기 때문에 이 문제를 놓고 토론이 벌어졌다. 나는 "한국사회에서 가장 중요한 게 결국은 분권이다. 권한을 나눠야 기초가 살고 지방이 살며, 다양성이 산다. 그래야 나라가 나라다워진다"며 분권운동을 해야 한다고 강력히 주장했다. 그러자 김형기 교수님이 그 자리에서 "그래, 내가 한 번 해 볼게"라고 말씀하셨다. 그게 출발이 되어 오늘날까지 이렇게 올 줄은 몰랐다.

　분권개헌이라는 말을 가장 먼저 쓴 사람도 김형기 교수님이다. 교수님은 대구에 사무실을 차리고 지방분권아카데미를 만든 후 지난

코끼리가 된 남자

자치분권대학 세미나에서

30년 간 초지일관 분권운동을 진행하여 왔다. 내 친구는 지방분권아카데미 사무국장을 맡았고, 생업이 있던 나는 아카데미 회원으로 분권운동을 도왔다. 이후 참여정부를 거치면서 점차 자치분권 이론을 정립하고 논리를 개발했다. 점차 연대를 통해 자치분권에 동의하며 함께하는 분들이 많아지면서 지금은 어느 누구도 거역하기 어려운 시대의 화두가 될 만큼 성장한 것이다.

정치를 하는 동안 무엇이 의미가 있겠습니까.

2010년 어느 날, 김윤식 시장은 "우리가 정치를 하는 동안 무슨 일을 해야 가장 의미가 있을까" 라고 물었다. 나는 주저 없이 분권운동에 나서야 한다고 말했다.

2010년은 분권운동이 소멸해 가고 있는 때였다. 여전히 분권은 시청의 공무원들에게도 생경한 단어였으며, 이명박 정부와 박근혜 정부를 거치는 동안 김대중 대통령의 정신과 노무현 대통령의 정책의지를 이어가지 못하고 오히려 후퇴하고 있었다.

김 시장과 나는 직원들과 함께 전국을 순회하며 분권에 대한 토론회를 벌이기로 했다. 참여정부 때까지의 분권은 서울, 경기의 권한을 충청, 호남, 영남 등 삼남과 강원도로 나누자는 것, 한 가지와 중앙정부 권한을 기초정부로 나누자는 것, 이렇게 두 가지 흐름이었다.

코끼리가 된 남자

이때까지만 해도 분권은 지방자치가 아니라 국토의 균형성장에 초점이 맞춰져 있었던 셈이다. 대구, 광주 등을 찾아가 토론회를 열려고 하자 왜 수도권 단체가 분권에 나서느냐, 정말 힘이 나고 고맙다 등 다양한 반응이 쏟아졌다. 이렇게 지방을 찾아가고 지방분권개헌국민행동을 만들며 분권운동을 재점화하였다.

그리고 시흥시는 생명, 참여, 분권을 시정철학으로 내걸었다.

지방분권개헌청원운동 선포식_이창용 대표와 함께

분권 선도도시 시흥

감히 말하건데, 자치분권에 관한 한 시흥시는 선도 도시이다. 하지만 기초정부인 시흥시 혼자 할 수 있는 일은 아니다. 다른 지방정부와 연대하고 확산해 나가야 한다. 그래서 주목한 것이 옛 시흥군

경기중부권행정협의회 지방분권아카데미

이었던 과천, 광명, 군포, 시흥, 안산, 안양, 의왕시였다. 바로 중부권 행정협의회 지방정부들이다. 나는 7개 시에 지방분권아카데미를 열자고 제안하며 프레젠테이션도 진행했다.

때마침 시장님께서 협의회 회장을 맡게 되면서 시흥이 순회 아카데미를 위한 추진체가 되었다. 실제로 일을 하는 과정은 공직사회의 분권에 대한 낯설음과 6개 시가 한 몸으로 움직이는 것에 대한 어려움이 겹치면서 순탄하지만은 않았다. 공직 생활 20년이 넘은 담당계장이 울고 싶다 했으니, 당시의 현실이 어떠하였는지 짐작할 수 있을 것이다.

하지만 경기 중부권 6개 시와 진행한 다양한 시도와 노력은 자치분권에 대한 논의를 한층 성숙시켰다고 말할 수 있다. 당시 광명, 군포, 시흥, 안산, 안양, 의왕시는 민선 5기 공동의제로 지방분권을 채

택하였고 포럼, 토크콘서트, 강의 등도 열었다.

　맨 처음 우리 시흥에서 헌법 개정 및 국세, 지방세 조정 등을 골자로 하는 지방분권 공동선언문을 채택하고 '이제는 지방분권이다'를 주제로 제1기 분권 아카데미를 개최하였다. 당시 우리는 이미 "헌법은 국민이 만들고, 수시로 읽고, 시대에 맞게 고칠 수 있어야 한다"는 점을 분명하게 얘기하였고 하루 속히 더 많은 국민들이 이러한 인식으로 무장되길 고대했다.

　지역을 살리기 위해 자주재정이 꼭 필요하다는 주장부터 정당공천제 폐지가 정치개혁의 시작이라는 호소까지 다양한 목소리를 꾸준히 내는 동안 시흥은 늘 중심에 서 있었다.

진정한 자치분권은 어떤 모습일까?

어떻게 하면 시가 시민이 기댈 수 있는 뒷배가 될 수 있을까? 이를 위해서는 무엇보다도 지방정부의 혁신이 우선되어야 한다. 자치가 없고서는 공공이 시민의 집, 시민의 빽이 될 수 없다.

나는 자치분권을 위해선 우선 법률이 분권화 되어야 한다고 생각한다. 참여정부때 특별법도 만들고 하였지만 법률분권화를 위해선 개헌을 통해 헌법에 자치분권을 명시하는 일이 시급하다.

두 번째는 재정분권화가 필요하다. 지금처럼 중앙정부가 예산을 틀어쥐고 통제하여서는 안 된다. 세금이 아니라 자주재원을 늘려야 한다. 그러나 이 두 가지가 이루어져도 지방혁신이 안되면 무용지물이다.

인적자원 개발을 통한 지방혁신이 필수적이지만 어찌된 일인지 공공영역에는 인적자원 개발보다는 인사라는 개념에 머물고 있다. 마

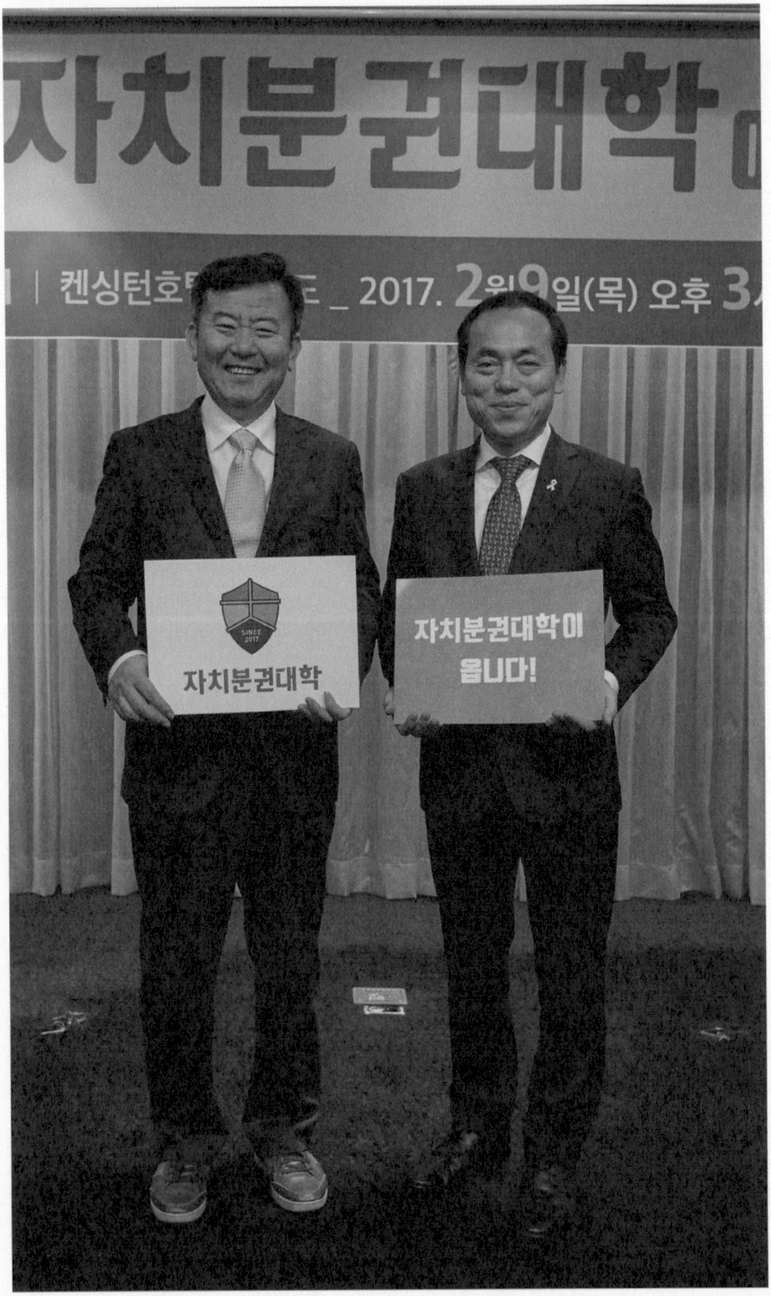
자치분권대학
켄싱턴호텔
2017. 2월9일(목) 오후
SINCE 2017
자치분권대학
자치분권대학이
옵니다!

지막으로는 주민참여가 꼭 필요하다. 단순히 박수 치며 들러리 서는 참여가 아니라 시민이 결정권을 갖는 국민주권이 이루어져야 한다.

그렇지만 많은 사람들은 지금도 법률과 재정의 분권화만 언급한다. 그러니 국민들에게서 '누구 좋으라고 분권이냐' '지방정치인만 좋으라고?'라는 반응이 나오는 것이다.

이런 현실 때문에 김윤식 시장과 나는 오랫동안 지방자치가 되려면 주류사회를 바꾸어야 한다고 주장해 왔다. 그래서 우리가 준비하였던 게 인적자원 개발을 위한 시흥아카데미였다. 지역이 가진 자산을 발굴하고, 가치 있는 것을 키워 그 안에서 일자리를 만들어 내는 일. 이러한 점이 바로 시흥아카데미가 추구하는 가치였으며, 또한 시흥아카데미는 자치의 다른 이름이다.

우리는 시흥아카데미와 같은 모델을 전국으로 확산하기 위하여

지방정부협의회를 만들고 자치분권대학도 설립하였다. 자치분권대학은 현재 광주 서구, 대전 유성, 서울 금천 등 전국 각지에서 30여 개 캠퍼스가 운영되고 있으며 기대 이상의 호응을 얻고 있다.

나는 자치분권대학에서 강의할 때마다 늘 강조하고는 한다. 중앙정부는 외교, 국방, 재정 등 국가의 안정성을 지키고 국토의 균형 성장 및 계층간 균형을 유지하는 보편적 복지 임무를 수행하면 된다.

그렇다면 지방정부는?

지방정부는 시민의 권익을 지키는 최일선 기관으로서 주민의 자치권을 강화하는데 주력하여야 한다. 더불어 시민의 삶의 질을 드높이고, 도시브랜드를 키워 특색 있는 지역 개발에 앞장서야 한다. 이러한 지방정부의 기능에 충실하기 위하여 나는 시흥아카데미를 개발하고 운영하는데 혼신의 노력을 기울였고 그 어떤 일보다 많은 애정을 쏟았다.

김제동씨가 자치분권 강연자가 된 이유

2017년 11월 김제동씨가 자치분권 순회강연회 강연자로 나섰다. 시흥, 안산, 수원, 성남, 김포 등 경기도 5개 시를 순회하는 일정이었다. 이 강연회를 기획한 것은 자치와 분권이 시민들에게 조금 더 쉽게 다가가길 바라는 마음에서 였다. 요즘 언론에서 자치분권에 대한 많은 기사들이 쏟아지지만 여전히 시민들에게는 어렵고 재미없는 주제다.

정부 역시 자치분권로드맵에서 '내 삶을 바꾸는 자치분권'을 비전으로 내걸었는데, 가장 큰 이유는 자치와 분권이 국민의 삶과 닿아 있다는 이야기를 하고 싶었던 것일 것이다. 하지만 이를 두고 일부에서는 자치분권 강연에 전문가도 아닌 사람이 나와서 강연을 한다며 부정적인 목소리를 내기도 하였다.

자치와 분권은 전문가만의 영역이 아니다. 정치인들만 다루어야

되는 분야도 아니다. 그동안 숱한 노력에도 시민들과 주민들이 자치분권에 대하여 관심이 없고, 어렵게만 생각하게 된 것은 실제 삶 속에서 녹여내지 못하였기 때문이다.

자치와 분권의 시작은 다양성과 창의성이다. 누구나 자치와 분권을 이야기할 수 있어야 한다. 강연자는 농익은 무당일 필요도 없고, 면허 있는 의사일 필요도 없다. 자치분권강연회는 자치와 분권이 옳다, 그르다를 전달하는 것이 아니라 청중들과 함께하는 이야기 마당인 것이다.

김제동씨는 내가 오랫동안 길게 설명한 이야기를 간단하게 정리해 주었다.

"분권은 위치를 재조정하고, 지방정부는 우리 가까운 곳에 든든한 벽을 하나 더 세우는 것이다."

7장

결국은
시민의 집, 시흥

자치분권 도시는

훌륭한 집과 다르지 않습니다.

시민의 집, 시흥에서는

누구든 특권의식을 느끼지 않으며

누구도 소외되지 않습니다.

독식하는 사람도 없고 천대받는 아이도 없습니다.

다른 형제를 얕보지 않으며

그를 밟고 이득을 취하지도 않습니다.

약한 형제를 무시하거나 억압하지 않습니다.

시민이 주인이 되는 집을 만드는 일,

그것은

저 우정욱의 꿈이며,

제가 새로운 길을 나서는 이유입니다.

-출마 기자회견문 中에서

나는 행정영역에서 '시민의 꿈을 응원한다'는 표현을 많이 써왔다. 지방정부가 자치분권을 통해 시민의 꿈을 이룰 수 있다고 믿기 때문이다. 자치분권시대의 지방정부는 시민의 말에 귀를 기울이고, 시민을 응원하는 든든한 뒷배가 되어야 한다.

그렇기 때문에 자치분권시대에 가장 달라지는 것은 바로 지방정부의 역할이다. 우리 시흥과 같은 기초지방정부가, 우리 지역정부가, 어떤 사무를 만들어 내느냐가 시민의 삶의 질을 결정한다.

자치분권시대의 기초지방정부는 국가 법령 집행의 말단 기구가 아니라 시민과 만나는 최일선의 정부이다. 시대가 요구하는 분권과 자치를 행정 현장에, 마을 곳곳에 뿌리내리고 그 결실이 시민의 삶의 질 변화로 이어질 수 있도록 해야 한다.

돌이켜보면 지난 세월 우리나라의 지방정부는 시민이 바라고 시대가 요구하는 지방정부의 모습이 아니었다. 시민의 주민자치 역량을 키워내지 못하였고, 시민들 삶의 고단함을 이고가지 못하였다.

자치분권시대에는 정부와 공공영역의 혁신으로 시민의 삶의 질을 저 높은 수준으로 옮겨야 한다. 자치분권시대는 지방정부의 역할을 이해하고 시지프스의 신화처럼 끊임없이 돌을 밀어 올리는 사람이 필요하다.

자치분권시대의 지방정부는 주민자치권을 키워나가야 한다.

행정에 박수만 치는 참여가 아니라, 주민이 시 정책의 결정권한을 가져야한다. 자치분권정신에 맞게끔 주민자치위원회, 체육회, 자원봉사협의회, 바르게살기협의회 등 여러 직능, 지역을 망라한 관내 기관 단체에 권한을 대폭 이양하고 명실상부한 자치기구로 성장할 수 있도록 도와야 한다.

또 행정동을 더 세분화하고, 권한을 강화하는 것이 옳다고 본다. 실질적으로 마을의 문제를 마을이 결정하도록 하는 보충성의 원칙이 작동하는 주민자치의 실질화를 이루어 낼 때이다.

자치분권시대의 지방정부는 시민의 삶의 질을 높여야 한다. 아이들이 행복한 세상, 아이 키우기 좋은 도시, 엄마가 편안한 도시, 걸어서 10분 내에 도서관을 갈 수 있는 도시 등 지방정부의 공공재가 주민의 삶의 질을 개선하는 방향으로 쓰일 수 있도록 적극적으로 강화해야 한다.

작은 빵집마저 재벌이 운영하는 우리 사회에서 시민들에게 든든한 뒷배가 되어주고 편안하게 쉴 수 있는 그늘이 되어주는 정부가 필요하다. 자영업자가 OECD 평균의 두 배인 우리 사회에서 프랜차이즈 본사 역할도 마다하지 않을 각오가 되어야 한다.

자치분권시대의 지방정부는 도시브랜드를 키우고, 로컬브랜드를 육성해야 한다. 대한민국 어디를 가나 볼 수 있는 대기업 브랜드 대신 새로운 가치를 갖는 지역기업들을 육성하고, 지역 브랜드를 키우고 우리 아이들이 내 고향에서 일자리를 갖고 살 수 있도록 만들어야 한다.

자치분권시대의 지방정부는 주민 자치, 지역주민을 위한 인적자원 개발에도 근본적 변화를 이루어야 한다. 사람을 키우는 인적자원 개발이 필요하다. 명문 대학을 나와야 좋은 직업을 가지고, 일할 수 있는 구조가 아니라 지역에서 인재를 육성하고 그 인재가 다시 지역에서 일하는 플랫폼을 구축해야 한다.

학교 교실 안에서만 이루어지는 교육이 아니라 동아리, 연구회, 창업으로 이어져 먹거리를 책임지는 지역혁신 플랫폼이 구축되어야 한다.

자치분권시대의 지방정부는 중앙정부보다 시민의 가까운 곳에서 든든히 시민의 뒤를 지켜주는 뒷배가 되어야 한다. 따뜻한 온기를 주어야 한다.

지역주민들이 지역에서 꿈을 꾸며 자라고, 특색 있는 지역 개발로 그 지역에서 일자리를 얻고 사는 곳. 굳이 대학을 가지 않아도 지역의 시민대학에서 직업 창출이 가능한 교육을 받고 지역의 인재로 살아가는 곳. 지역의 문제를 지역주민 스스로 기획하고 논의하는 마당이 벌어지는 곳. 자치분권시대의 지방정부의 모습이다.

지방정부는 시민의 집이 되어야 한다.

코끼리가 된 남자

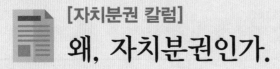

왜, 자치분권인가.

- 분권 전쟁의 종식, 자치분권시대의 다중정부
- 자치분권, 인적자원개발이 가장 중요
- 자치분권과 도시브랜드
- 87년 체제를 넘어, 자치분권 개헌의 가치
- 시민의 삶을 바꾸는 자치분권

— 시흥신문 연재

분권 전쟁의 종식, 자치분권시대의 다중정부

앨빈 토플러는 미래 사회의 최고 가치를 다양성에 두면서, 지방분권이 미래의 정치 질서라고 하였다. 또한 그는 지방분권을 실현하는 일은 전쟁이라고까지 표현하였다. 적과 동지가 분명하지 않은 전선 없는 전쟁이라는 것이다.

우리나라 역시 지방자치와 지방분권의 역사는 전쟁과 다를 바 없었다.

1990년, 당시 김대중 평화민주당 총재는 지방자치제 실시를 요구하면서 10월 8일부터 20일까지 13일간의 단식 투쟁을 단행했다. 1991년 지방자치제가 부활하고, 김대중 정부의 기치를 이어받아서 참여정부가 국가균형발전정책의 깃발을 높이 들었지만 법과 제도의 한계를 실감하였다. 개헌 이야기가 나오고 있는 이때에도 일부 지도자들은 '분권형 개헌' 보다는 '권력구조 개편'에만 관심이 머물러 있는 듯하다.

이제 토플러가 말한 전쟁을 종식해야 할 때이다. 그 답은 자치분권시대에 맞는 '다중정부'에 있다. 다양성과 창의성이 중요해지면서 현대사회는 더욱 다변화되고 있다. 정부의 기능과 사무 역시 이를 반영하는 다중정부의 형태로 가는 것은 필연적이다.

지금까지 이 땅에 정부는 '대한민국 정부' 하나 밖에 없었다. 경기도는 광역지방자치단체, 시흥시는 기초지방자치단체로 '정부'가 아니라 '단체'였다. 그러나 기초정부, 광역정부, 중앙정부 이렇게 3개의 정부로 세분하여 기능을 나누면 시민들은 높은 수준의 공공서비스를 제공받을 수 있게 된다.

중앙정부의 기능은 재정, 치안, 국방, 외교와 같은 안정성과 균형성의 조정이다. 국토의 균형성장을 이룰 수 있도록 하고, 특정 계층에 쏠리는 부의 재분배 같은 문제를 국가가 개입하여 해결 하는 것이

자치분권 칼럼 왜 자치분권인가

다. 보편적 복지 등이 이에 해당한다.

지방정부는 시민의 삶의 질을 높이고, 주민의 자치권을 강화하며, 특색 있는 지역개발이 그 책무이다. 국가로부터는 상대적으로 독립된 지위를 갖고 자주적으로 업무를 처리하며, 시민들에게는 스스로 자신의 일을 기획하고 능동적으로 참여 할 수 있도록 도와주는 역할을 해야 한다.

그간의 중앙 집중은 주민 수요에 둔감한 국가 중심의 획일화된 공공서비스를 낳았다. 정부 주도의 획일적 정책은 지역별 여건에 맞는 차별화된 치안, 복지 등의 서비스 제공이 어려웠고, 정책 사각지대를 발생시키기도 하였다.

자치분권시대에 우리 시흥과 같은 기초지방정부는 다중정부의 하나로써 새로운 책무와 역할이 필요할 것이다. 자치분권시대의 기초지방정부는 국가 법령 집행의 말단 기구가 아니라, 시민과 만나는 최일선의 정부이기 때문이다.

코끼리가 된 남자

자치분권, 인적자원 개발이 가장 중요

얼마 전 인제 소양강변에 마릴린 먼로 동상이 들어섰다. 먼로는 영화 〈7년 만의 외출〉(1955)에서처럼 하얀 원피스를 입고 바람에 펄럭이는 치마를 붙잡고 서있다. 마릴린 먼로는 왜 소양강변에 나타난 것일까. 인제군은 1954년 마릴린 먼로가 인제에 있는 미군부대를 찾아 한 차례 위문 공연을 하였고, 이 사실을 적극 홍보하여 지역 관광에 보탬이 되도록 하기 위하여 동상을 세웠다고 설명했다. 하지만 지역의 반응은 싸늘하다.

인제군이 예산낭비로 뭇매를 맞고, 관련 공무원을 탓하는 소리가 높지만 문제의 본질은 지방정부의 역할, 나아가 '인적자원 개발'이다. 지금까지의 지방공무원 교육은 지역의 특색이 전혀 반영되지 않고, 중앙정부 교육의 틀을 벗어나지 못했다는 평가가 많았다.

지방정부들 역시 자치분권 교육에 힘을 쏟고 있지만, 현안과 모범 사례 나열로 채울 수밖에 없는 것이 현실이었다. 공무원들은 80시간의 연간 상시 학습시간을 두고 있지만, 직무 연계성이나 지역 특성, 주민 자치와의 접점을 찾기가 어렵다.

주민 자치, 지역주민을 위한 인적자원 개발에도 근본적 변화가 있

215
•
자치분권 칼럼 왜 자치분권인가

어야 한다. 즉 사람을 키우는 인적자원 개발이 필요하다. 소위 말하는 명문 대학교를 나와야 좋은 직업을 갖고 일할 수 있는 구조가 아니라 지역에서 교육을 통해 인재를 육성하고 그 인재가 다시 지역에서 일하는 구조를 만드는 플랫폼을 시정부가 구축해야 한다.

에를 들어 지방자치실현을 목표로 시작한 시흥아카데미가 도시 미래를 바꾸는 혁신플랫폼으로 자라기 위해서는 아카데미 교육이 시민의 삶과 먹거리로 이어질 수 있어야 한다는 이야기다. 약초학교를 수료한 졸업생들에게 '약초정원'을 만들어주고, 그 곳에서 상품을 만들면 교육과 일자리를 동시에 해결할 수 있다. 지방정부는 이런 일을 지속적으로 지원해야 한다.

이렇게 되면 인적자원도 발굴하면서 지역 브랜드도 개발하게 된다. 지금과 같이 파편적으로 배우고 개별적으로 알아서 뭘 해보라는 것이 아니라 지방정부가 시민을 돕는 프랜차이즈 본사와 같은 개념으로 지원해야 한다.

자치분권시대에 맞는 인적자원 개발이 이루어진다면 지방공무원의 지방자치 전문성 향상으로 지역사회와 시민들이 원하는 행정 서비스가 제공되고, 시민들의 자치역량 강화로 시민의 주인이 되는 새로운 지방정부가 만들어 질 것이다.

자치분권과 도시브랜드

나는 어떤 도시에 살고 싶은가.

과거에는 그리 중요하지 않은 질문이었다. 우리 사회는 도시나 지역 저마다의 특색을 배려할 여유가 없었다. 지역이 국가, 중앙정부의 큰 정책을 얼마나 잘 따라오는가가 중요했다.

자치분권시대를 대변하는 다른 말은 다양성과 창의성이다. 지역의 경쟁력이 국가의 경쟁력이 되었다. 현 정부는 자치분권로드맵에서 '고도의 중앙집권적 국정운영 방식의 대응능력 약화'를 자치분권 추진 배경으로 밝혔다. 덧붙여 '1960년대 이후 압축적 경제성장을 위해 중앙정부가 정책을 기획하고, 지방은 단순 집행하는 국가운영 모델의 한계에 직면했다'고 설명하였다.

지금 우리 사회는 '도시브랜드'는 없고 '대기업 브랜드'만 있다. 대한민국 어디를 가나 대기업 프랜차이즈 간판이 즐비하고, 도시의 정체성을 찾기가 어렵다. 경제협력개발기구(OECD) 회원국 평균보다 자영업자 비율이 두 배나 높지만, 작은 빵집의 주인도 소위 말하는 재벌이 주인이다.

217

지방정부는 이제 지역을 살리는 도시브랜드를 가져야 한다. 선진국의 삶의 질이 높은 도시는 대부분 도시브랜드 가치가 높다. 자치분권시대 지방정부는 시민의 삶의 질을 높여야 하는 책무가 있고, 도시브랜드 가치 향상에 이가 맞물려 있다.

나아가 중앙정부가 대기업을 키운 것처럼 이제 지방정부가 지역기업과 로컬브랜드를 키울 때이다. 지역에서 새로운 가치를 갖는 지역브랜드가 육성되어야 한다. 우리 아이들이 지역에서 꿈을 갖고 자라고, 지역에서 일자리를 갖고 살 수 있도록 해야 한다. 그 지역만의 특색 있는 브랜드를 키우고, 도시의 가치가 올라갈 때, 시민의 먹거리 발굴, 소득 향상까지 이어질 수 있다. 지역에서 나고 자란 것이 자랑이 되고, 지역브랜드 상품을 쓰는 것을 당연히 여기는 사회가 되어야 한다.

1970년대에 오일쇼크로 세계 경제가 휘청거렸을 때 세계 경제의 중심지인 뉴욕을 살린 것은 'I ♥ NYI Love New York'이라는 지역브랜드였다. 티셔츠나 컵 등 각종 문화 상품과 연계해 새로운 도시 수익 모델을 만들었으며, 뉴욕에 디자인 문화가 정착하게 하는 요인 중 하나가 되었다.

우리나라도 머지않아 지역브랜드 로고 티셔츠를 입고 거리를 다니는 사람들을 만나게 되길 기대한다.

코끼리가 된 남자

87년 체제를 넘어, 자치분권 개헌의 가치

오랫동안 함께 분권 운동을 해 온 이기우 인하대 법학전문대학원 교수가 재미있는 말을 한 적이 있다. 우리나라 사람들이 헌법에 대한 미신이 있다는 것이었다. 헌법을 자주 바꾸면 안된다는 일종의 관념이 자리하고 있다고 했다.

독일은 1949년 이후 60여 차례 헌법을 바꿨고, 스위스는 1848년 이후 150여 차례 개헌했다. 프랑스는 2003년 지방분권형 개헌을 단행하며, 헌법 제1조를 '프랑스공화국의 조직은 지방분권체제로 구성된다'고 적시했다.

우리나라 정치권에도 이러한 미신은 여전하다. 대선 과정에서 각 당의 후보들은 지방분권개헌 국민 협약식을 하고, 2018년 지방선거 때 까지 분권개헌을 하겠다고 약속했다. 하지만 정치적 이해관계와 당리당략에 치우쳐 분권개헌 논의는 더디고, 심지어 법률위임 이야기도 나온다.

그렇다면 왜, 헌법 개정까지 가야 하는가. 자치와 분권은 법률적 차원으로는 실현될 수 없는가. 종래와 같이 헌법적 권력구조를 그대로 둔 채 법률적 차원에서의 지방분권국가 추진은 가능하지 않다.

대한민국의 헌법정치를 여전히 지배하고 있는 중앙집권주의적 편향에서 빠져 나올 수 없다. 현행 헌법 자체가 이미 중앙집권적 권력구조를 정당화하고 있으며, 헌법안의 지방자치에 관한 내용은 형식적 성격에서 벗어나지 못하고 있기 때문이다.

노무현 정부가 '대못을 박겠다'는 말까지 써가며 지방분권과 균형 발전에 집중했지만 그 역시 헌법의 틀을 넘어서지 못했다. 2004년 헌법재판소는 관습헌법론에 근거해 신행정수도건설특별법을 무효화하기도 했다.

87년 헌법의 한계를 넘어서 국민주권시대에 걸 맞는 전면적 개정 필요하다. 87년 체제를 담고 있는 현행 헌법은 시대 변화를 담아내는 데 한계가 있다. 국민주권 시대에 걸 맞는 분권과 자치의 가치를 담은 새로운 헌법이 필요하다.

"인간은 천부적으로 자유롭고 평등하고 독립적이기 때문에 동의 없이 누군가의 정치적 권력 안에서 종속될 수 없다." 영국의 철학자이자 정치사상가인 존 로크John Locke, 1632~1704는 개인의 자유와 평등을 넘어 인간의 천부권을 강조했다.

2018년 대한민국 헌법에도 천부권인 주민의 자치권이 명시되길 바란다.

시민의 삶을 바꾸는 자치분권

"설익은 무당이 집안 망친다. 불법시술 의료기관에서 시술받으면 사고난다."

자유한국당 류여해 전 최고위원이 방송인 김제동씨를 두고 한 발언이다.

2017년 11월 김제동씨는 자치분권순회강연회 강연자로 무대에 섰다. 시흥, 안산, 수원, 성남, 김포 등 경기도 5개시를 순회하는 프로그램이었다.

이 강연회를 기획한 것은 자치와 분권이 시민들에게 조금 더 쉽게 다가가길 바라는 마음에서였다. 자치와 분권은 전문가만의 영역이 아니다. 정치인들만 다루어야 되는 분야도 아니다. 그동안 숱한 노력에도 시민들과 주민들이 자치분권에 대해 관심이 없고, 어렵게만 생각하게 된 것은 실제 삶 속에서 녹여내지 못했기 때문이다.

사실 몇 년 전까지도 분권화는 보통 중앙정부로부터 지방정부로 권한과 사무를 이양하는 것을 뜻했다. 이러한 개념에서 지역사회 차

코끼리가 된 남자

원으로의 이양은 망각되고 있었다. 최근의 한 연구는 분권화가 지방 자치 선거만으로 완성되지 않고, 지역사회 내의 사회자본을 확충함으로써 민주주의에 기여할 수 있다는 결과를 보여 주었다. 중앙정부에서 지방정부로의 이양만으로는 민주주의와 사회자본 형성, 그리고 주민의 삶의 질에 직접적으로 연결되지 않을 수 있다는 것이다.

연구에서 보듯, 중앙정부에서 지방정부로 권한이 배분되고 다시 지방정부에서 지역사회로 이양되는 차원의 분권, 다시 말해 '자치'가 이루어져야 분권화의 효용성이 높아질 수 있다.

그런 의미에서 최근 지방분권보다 자치분권이라는 용어가 많이 쓰이는 것은 바람직한 일이다. 정부 역시 자치분권로드맵에서 '내 삶을 바꾸는 자치분권'을 비전으로 내걸었는데, 가장 큰 이유는 자치와 분권이 국민의 삶과 닿아 있다는 이야기를 하고 싶었던 것일 것이다.

김제동씨는 내가 20여 년 동안 분권운동을 하면서 길게 설명한 이야기를 간단하게 정리해 주었다.

"분권은 위치를 재조정하고, 지방정부는 우리 가까운 곳에 든든한 벽을 하나 더 세우는 것이다."

[자치분권 인터뷰]

경기신문

'시흥아카데미에서 자치분권대학까지'
문재인 대선 캠프에서 자치분권이 시대정신이라는 것 더 확신
87년 체제를 넘어-2018년은 자치분권 시대의 원년이 될까?
다양성과 창의성의 시대,
압축적 경제성장을 위한 국가 운영은 한계 직면

문재인 정부는 지난해 10월 26일 향후 5년간의 지방분권 추진을 위한 밑그림인 자치분권 로드맵 초안을 발표했다. 대통령은 대통령 선거 시기부터 자치분권에 대해 강력한 의지를 표명해 왔으며, 오는 6·13 지방선거와 개헌 국민투표를 함께 진행하겠다고 밝혀왔다. 동시투표에 대한 여·야의 셈법이 달라 개헌 논의가 속도를 내지 못하고 있지만, 자치와 분권은 시대적 사명이며, 우리 사회의 주요한 흐름이다.

지난 5일, 우정욱 민주당 홍보위원회 부위원장을 만났다. 우 부위원장은 오랫동안 자치분권 강화를 위한 노력을 기울여왔다. 문재인 대선 캠프 자치분권균형발전위원회에서 정책홍보팀장으로 일했으며, 지금은 시흥시(갑) 지역위원회 지방자치위원장을 맡고 있기도 하다. 다음은 우정욱 위원장과 자치분권의 현주소와 과제에 대한 인터뷰를 정리한 내용이다.

코끼리가 된 남자

Q. 자치와 분권은 정말 무엇인가 쉽게 설명해 달라

오랜 시간 고민해 온 자치분권의 답은 오히려 간단하다. 지역 주민들이 그 지역에서 꿈을 꾸며 자라고, 특색 있는 지역 개발로 그 지역에서 일자리를 얻고 사는 것. 굳이 대학을 가지 않아도 지역의 시민대학에서 직업 창출이 가능한 교육을 받고 지역의 인재로 살아가는 것. 지역의 문제를 지역주민 스스로 기획하고 논의하는 마당이 펼쳐지는 것. 이런 것들이 자치와 분권이다.

Q. 자치분권대학부터 문재인 대선 캠프까지 자치분권에 대한 보폭이 넓다. 지금 왜 자치분권인가.

저는 오랫동안 자치분권을 하자고 주장해왔던 사람이지만 문재인 대선 캠프에서 일하면서 자치분권이 시대정신이라는 것을 더욱 확신하게 되었다. 지금은 다양성과 창의성의 시대이다. 정부 역시 자치분권로드맵을 통해 '고도의 중앙집권적 국정운영 방식의 대응능력 약화'를 자치분권 추진 배경 이유 중 하나로 밝혔다. 덧붙여 '1960년대 이후 압축적 경제성장을 위해 중앙정부가 정책을 기획하고, 지방은 단순 집행하는 국가운영 모델의 한계에 직면했다'고 설명했다.

그동안의 중앙 집중은 주민 수요에 둔감한 국가 중심의 획일화된 공공서비스를 낳기도 하였다. 정부 주도의 획일적 정책은 지역별 여건에 맞는 차별화된 치안, 복지 등 서비스 제공이 곤란하고, 정책 사각지대가 발생하는 등 지역주민의 다양하고 차별화된 욕구의 충족이 어렵다는 지적이 있어 왔다.

Q. 87년 체제를 넘어... 자치분권 개헌 꼭 필요한가.

자치와 분권에 대한 시대적 요구와 헌정 사상 초유의 현직 대통령 탄핵 사태는 물밑에서만 오가던 개헌 논의에 불을 붙였다. 여기에 대통령의 강력한 분권 의지는 지방분권형 개헌에 대한 추진체로 작용됐다.

문재인 대통령은 대선 당시 지방분권개헌국민회의와 지방분권개헌 국민협약을 체결한 바 있다. △지방분권국가 선언 △주민 자치권 △지방정부의 종류 △보충성의 원칙 △입법권의 배분 △행정권의 배분 △자치조세권 및 자치재정권 배분 △자치조직권 △중앙-지방 협력회의 등을 협약문에 담았다. 문재인 대통령은 대선 시기의 자치분권 공약을 이어 자치입법권 · 자치행정권 · 자치재정권 · 자치복지권 등 4대 지방 자치권 명문화를 비롯해 주민직접참여제 확대와 같은 강력한 '지방분권 공화국'을 헌법에 반영할 것을 약속했다. 자치분권로드맵 역시 '지방분권형 개헌 지원'을 로드맵의 추진 기반으로 삼고 있다. 개헌 없이는 완전한 자치분권 실현이 불가능하다는 이야기이다.

분권이 되지 않는 자치가 허상에 불과한 것처럼, 제도가 뒷받침되지 않고는 자치와 분권은 언제나 불완전 할 수밖에 없다. 지방분권형 개헌이 이뤄질 수 있도록 해야 한다. 현재 개헌 논의에 '지방분권'

이 더 밀도 있게 포함될 수 있도록 충분한 개헌 논의도 이뤄져야 한다고 생각한다.

Q. 6 · 13 선거에 개헌 동시투표 가능할까.

하지만 대통령이 내놓은 지방선거와 개헌 동시투표가 가능할지는 미지수다. 새 정부 출범 1여년만의 지방선거에 여 · 야의 이해관계가 맞부딪히는 가운데 물리적 시간도 문제이다. 내년 6 · 13 지방선거에서 지방분권형 개헌안을 국민투표에 부치려면 늦어도 2018년 2월 중순까지는 여야가 합의한 개헌안이 나와야 한다.

헌법을 개정하려면 '발의→공고→의결→국민투표→공포' 과정을 거쳐야 한다. 단순히 법률적 소요 시간을 계산해 보면 최대 110일이 소요된다. 이를 역순으로 계산하면 내년 5월 초까지는 헌법 개정안에 대한 국회 의결이 끝나야 한다. 개헌 시기로는 2018년 6월에 치러지는 지방선거가 가장 적기라는 주장에는 이견이 많지 않지만 현실적으로 어렵지 않느냐는 이야기가 나오는 이유이다. 당의 이해관계를 넘어 시민을 위한 결정이 필요하다.

Q. 시흥시가 자치와 분권을 선도하고 있다는 평가도 많다.

시흥시 시정철학에는 참여와 분권이 들어있다. 지난 10년 동안 김윤식 시장과 함께 시정에 대한 철학을 공유하고, 어떤 부분은 치열하게 토론하면서 지내왔는데 언제나 이견이 없었던 것은 참여와 분권이다. 시민과 소통할 수 있는 매체 등을 전면 확대하려고 노력한 것도 자치와 분권의 일환이다. 시가 정보를 모두 틀어쥐고서 함께 이야기해보자고 하는 것은 말이 안된다고 생각한다.

시흥시가 자치분권이 뿌리 내리는데 조금이나마 일조하고 있다는 평을 듣는 다면 정말 기쁜 일이다. 지난 2017년 12월 19일 '시흥시 자치분권협의회'와 '지방분권개헌 시흥회의'가 출범되기도 하였다.

Q. "시흥아카데미 자치분권대학 등 자치분권을 위한 인적자원 개발에 남다른 애정이 있다.

시흥아카데미는 주민의 자치력을 높이고, 제대로 된 분권을 통해 지방정부가 시민을 주인으로 모실 수 있도록 하는 것에 목표를 두고 시작했다. 시흥아카데미는 자치분권 시대정신에 가장 부합하는 정책프로그램이라고 생각한다.

제대로 된 지방자치와 분권을 실현하려면 유능한 인재를 육성하는 것이 전제조건이 되어야 한다. 그러려면 교육을 통해 끊임없이 인재를 발굴, 육성해야 한다.

지금까지의 지방공무원 교육, 자치와 분권 교육은 지역의 특색이 전혀 반영되지 않고, 중앙정부 교육의 틀을 벗어나지 못했다는 평가가 많았다. 지방정부들 역시 자치분권 교육에 힘을 쏟고 있지만, 현안과 모범사례 나열로 채울 수밖에 없는 것이 현실이었다.

자치와 분권 교육이 제 틀을 형성하지 못한 상황에서 자치와 분권을 실현하는 유능한 인적자원 개발은 불가능하다. 지역의 특색이 반영되지 않은 교육으로는 주민자치 활성화가 어렵다. 현재 시행되고 있는 주민참여 예산제 등은 민원해결용이 되면서 제 역할을 못하는 게 현실이 아닌가. 이런 것들이 근본적으로 달라져야 한다.

자치분권대학은 진정한 지방자치, 지방분권 실현을 위해 지방정부가 주도하는 자치분권 교육 통합 기구이다. 중앙정부 중심의 교육에서 탈피해 지방정부 고유의 사무에 최적화한 체계적인 교육을 지향한다.

Q. 하지만 분권은 여전히 어려운 주제다. 김제동과 함께하는 자치분권순회 강연을 기획하기도 했는데, 이처럼 시민 접근 방법이 달라야 하지 않을까.

정부가 자치분권 로드맵 비전을 '내 삶을 바꾸는 자치분권'으로 잡았다. 그동안 자치와 분권이 일부 정치인들이나 운동가의 전유물에서 탈피해 국민들의 삶에서 공감하겠다는 이야기다.

요즘 언론에서 자치분권에 대한 많은 기사들이 쏟아지지만, 여전히 시민들에게는 어렵고 재미없는 주제이다. 시민들과 분권에 대해 쉽게 만나고 이야기하는 자리를 만들고 싶었다. 김제동 씨 강연도 그래서 기획하게 된 것이다.

　자치분권이 시대의 화두로 떠오르고 있다. 문재인 대통령의 공약사항이기도 한 자치분권개헌 성공을 위해 정치권과 시민 사회가 분주히 움직이고 있다.

　그런데 자치분권은 대체 무엇을 말하는 것인가. 딱히 설명하기에 막연하긴 마찬가지다. 자치분권·지방분권이 이뤄지면 시민들의 삶이 도대체 어떻게 바뀐다는 것인지 시원하게 설명해주는 이도 별로 없다.

　시흥타임즈는 시민들의 궁금증을 해소하고자 더불어민주당 시흥시(갑)지역위원회 우정욱 지방자치위원장을 만나 이런 궁금증과 자치분권이 나가야 할 방향에 대하여 물어봤다.

　경북대학교에서 지역개발학 석사를 전공하고 노무현 정부 시절 행정자치부 장관 정책보좌관을 지낸 우정욱 위원장은 문재인 대선 캠프 부대변인 겸 자치분권균형발전위원회 정책홍보팀장을 역임한 인사다. 얼마 전까진 시흥시청 시민소통담당관을 지내기도 했고 현재는 지방분권개헌국민행동 실행위원으로도 활동 중이다.

Q. 자치분권, 지방분권 막연하다. 무엇이 핵심이고 가야할 방향은 무엇인가.

　쉬우면서도 어려운 얘기다. 사실 지금 사람들이 얘기하는 세입·

세출의 몇 분의 몇을 늘려야 한다는 재정구조의 문제는 핵심이 아니다. 핵심은 다중정부를 만드는 것이다.

지금까지는 이 땅에 대한민국 정부 하나밖에 없었다. 그래서 시흥도 대한민국이 가고자 하는 방향으로 끌려 갈 수밖에 없었다.

그러나 기초정부, 광역정부, 중앙정부, 이렇게 3개의 정부로 세분해 역할을 나누면 시민들에게 높은 수준의 공공서비스를 제공할 수 있게 된다. 역할과 기능성에 따른 사무를 주고 재정을 주자는 것이 분권의 핵심이다.

즉 중앙정부의 기능은 재정, 치안, 국방, 외교와 같은 안정성과 전체적인 밸런스를 잡아주는 균형성에 관여하는 것이다.

예를 들어 서울은 잘 사는데 비해 강원도는 못산다면 서울의 세금을 강원도로 보내 국토의 균형성장을 이룰 수 있도록 하고 특정 계층에 쏠리는 부의 재분배 같은 문제도 국가가 개입하여 해결하도록 하는 것이다. 보편적 복지 등이 이에 해당한다.

그렇게 분권이 되면 우리 시흥과 같은 기초지방정부의 역할은 새로운 사무를 만들어 내는 것이라고 말하고 싶다. 옛날에는 기초지방정부가 국가 법령 집행의 말단 기구였으나 우리가 자치를 하는 근본적인 목적은 기초지방정부의 역할에 있다.

그렇다면 기초지방정부가 가야할 방향은 이렇다.

첫 번째로 기초지방정부는 주민자치권을 지켜줘야 한다. 보충성의 원리에 따라 우리 동네에서 결정할 수 있는 일은 동네에서 할 수 있도록 도와주고 지켜주는 기관이 되어야한다. 주민이 주인이 되도록 하자는 것이다.

예를 들어 동네에 도로를 만들어야 하면 현재는 의원이나 공무원에게 사정해야 하지만 앞으로는 주민들이 그것을 선택하고 결정하게 만들어 정말 필요한 사업에 예산이 투입될 수 있도록 하여야한다. 그 권한을 주인인 주민에게 주자는 말이다.

두 번째는 우리 시민의 삶의 질을 높여주는 것이다. 시흥시민들이 타 시에 비해 압도적으로 잘 살게끔 만들어 주어야한다.

지금까지 시화공단의 노동자들은 시의 관심 대상이 아니었다. 그러나 복지 등 다방면에서 열악한 소규모 기업들이 근로자에게 지원하여주지 못하는 부분을 공공이 대신 해줄 수 있다. 지방정부가 프랜차이즈 본사와 같이 지원해줄 수 있다. 공단 복지청 정도의 역할을 생각해 볼 수 있다.

세 번째는 로컬브랜드 육성이다. 대한민국 정부가 삼성, 엘지를 키워왔다. 대한민국 어디를 가나 대기업 브랜드만 보인다. 앞으로 시흥시 정부는 지역에서 새로운 가치를 갖고 육성될 수 있는 기업들과 지역 브랜드를 키우고 우리 아이들이 직업과 일자리를 갖고 내 고향에서 살 수 있도록 만들어야 한다.

지방정부는 로컬 브랜드를 만들어 주도록 지원해야 한다.

지방분권 개헌이 되고난 다음, 자치분권이 되었을 때 이 세 가지 책무가 이뤄지는 정부를 만들어 내야 한다고 본다.

코끼리가 된 남자

다시 말해서 자치분권이 되면 무엇이 달라지냐고 물으면 행정서비스가 다양해지고 지방정부의 역할이 달라진다고 말하고 싶다. 즉 지방정부는 내 삶을 돕는 기구로 바뀌고 인허가만 해주는 정부가 아니라 시민들에게 든든한 뒷배가 되어주고 그늘이 되어줄 수 있다.

Q. 자치분권만 되면 이런 이상적인 것들이 실현된다고 보는가?

아니다. 법과 제도를 바꾼다고 바로 모든 것이 실현되리라곤 보진 않는다. 제도의 개선과 함께 인적자원도 바꿔야한다. 즉 사람을 키워야 한다.

꼭 서울대나 연세대를 나와야 일할 수 있는 구조가 아니라 지역에서 교육을 통해 인재를 육성하고 그 인재가 다시 지역에서 일하는 구조를 만드는 플랫폼을 시정부가 구축해야 한다.

예로 시흥아카데미에 약초학교라는 것이 있다. 이곳의 약 160여 명의 수료생들은 약초연구회를 만들어 활동 중인데 여기가 끝이어선 안 된다. 지방정부가 이곳에서 교육 받은 수료생들을 위한 약초정원 같은 곳을 만들어 줘야한다.

그리하여 이곳에서 키운 약초가 상품으로 가치를 인정받아 팔 수 있게 만들고 대학의 연구도 함께 진행하게 만들어야 한다. 그러면 약초에 관심이 있는 지역 청년들이 약초학교를 통해 배우고 약초정원에서 상품을 만들어 교육과 일자리를 동시에 해결할 수 있다. 지방정부는 이런 일을 지속적으로 지원해야 한다.

이렇게 되면 인적자원도 발굴하면서 지역 브랜드도 개발하게 된다. 지금과 같이 파편적으로 배우고 개별적으로 알아서 뭘 해보라는 것이 아니라 지방정부가 시민을 돕는 프랜차이즈 본사와 같은 개념으로 지원해야 한다.

지금은 특단의 대책이 필요한 시기다. 자치분권이 되지 않고 시흥의 브랜드를 키운다는 것은 말이 되지 않는 이야기이다. 정리하면 제도와 재정, 인적자원, 주민 주도의 결정권이 함께 이뤄져야 한다고 본다.

Q. 일각에선 자치분권이 되면 그 수장에 따라 독재가 될 수 있다는 우려가 있다.

자주 듣는 소리다. 그러나 그렇지 않다. 그 이야기가 통하던 시대는 아마 1970년대 쯤 인거 같다. 지금은 다양성과 창의성의 시대이다. 자치분권의 핵심적인 것은 시흥시장에게 힘을 주자는 것이 아니다.

이 이야기에서 중요한 것은 동네의 의사결정을 주민이 한다는 것이다. 대의민주주의에서 직접민주주의에 가깝게 가겠다는 것이다. 주민이 주도적으로 예산을 편성하고 결정하게 해야 한다.

그렇게 되면 주민이 주인인데 시청에 가서 사정할 일도 없고 하루에 몇 사람 지나가지도 않는 쓸데없는 도로나 육교와 같은 게 생길 리도 없지 않은가. 동네에 꼭 필요한 것이 무엇인지 주민들은 안다.

시장은 지금과 같이 뭘 해주는 사람이 아니라 주민이 하는 것을 지원해주는 플랫폼의 관리자 역할로 바뀌어야 한다. 독재 같은 소리가 통하는 시대가 아니다.

Q. 그래도 자치분권 실현엔 걸림돌이 많을 텐데……

걸림돌이 많은 것은 사실이다. 그러나 본인은 희망적으로 본다. 2010년 당시 현 김윤식 시장과 본인이 주도하여 지자체로는 처음으로 시흥에서 참여와 분권을 핵심가치로 넣자고 했을 때 다른 시는 모두 비웃었다. 그러나 지금까지 7~8년을 지나면서 그 노력들이 결국 대통령 공약에까지 반영되었다.

이런 상황을 지켜 볼 때 지나온 시간 보다는 앞으로가 더 희망적이라고 본다. 다른 시가 우리 시흥을 벤치마킹을 올 수 있도록 만들어야 한다. 이렇게 하는 것이 진정한 자치이구나 하고 느끼도록 해야 한다.

이미 다른 시에서도 이런 시흥시의 노력을 인정한다. 감히 말하자면 시흥시가 자치분권을 주도했다고 볼 수 있다.

여러 번 언급 했지만 자치분권의 핵심은 '주민이 주인되는 것이다' 그리고 개헌과 그에 합당한 인물을 통해 시흥이 선도적으로 그 역할을 할 수 있으리라고 믿는다.

자치분권 인터뷰

에 · 필 · 로 · 그

시흥에서 둥지를 튼 지 어느덧 10년이 넘었습니다.

세월이 참 빠릅니다.

지난 세월을 돌아보니 많은 생각이 뇌리를 스칩니다.

이야기 나눌 벗 하나 없던 시흥이

이제 어머니의 품처럼 편안하고 따뜻하게 느껴집니다.

갯골부터 오이도까지, 시흥 곳곳을 자전거로 누비는 동안

그렇게 시나브로 '시흥 사람'이 되었습니다.

'여기가 관곡지구나, 여기가 갯골생태공원이구나,

여기가 물왕저수지구나, 여기가…' 이러면서 말이죠

아이 걸음마 하듯이 시흥의 낯을 익힌 게 엊그제 같은데,

코끼리가 된 남자

지금은 손금 들여다보듯이 시흥 지리를 잘 알게 됐습니다.
지리를 알면 역사가 보인다고 했지요.

시흥 역사와 시흥 사람들에 대해서도 많이 알게 됐습니다.
무언가에 관심을 두다 보면 많이 알게 되고, 정이 들게 되고,
깊은 사랑에 빠지게 되는데요.

제가 그렇습니다.
시흥에 살다 보니 시흥을 많이 알게 되었고
또 깊이 사랑하게 되었죠.

이제 제 삶에서 시흥을 빼놓고는
이야기할 수가 없게 됐습니다.

이렇게 된 것은 시흥시청에서 시민소통담당관으로 일한 것이
한몫 단단히 했을 겁니다.
도시브랜드에 관심을 갖고, 정책을 만들고 알리면서
자연스럽게 시흥의 역사에 대해서도 찾아보게 됐습니다.

시흥은 알면 알수록 참으로 매력적인 도시입니다.
무한한 가능성이 열린 곳입니다.

그래서 하루가 다르게 빠르게 변화하고 있지요.

사람은 땅을 떠나서는 살 수 없습니다.

땅에서 나오는 온갖 것들을 통해 생명을 이어가는 존재가

사람이기 때문입니다.

저는 우리의 삶의 중심에, 사람의 중심에 땅이 있어야 하고,

그 땅을 통해서 역사를 면면히 이어나가야 한다고 생각합니다.

사람의 마음이 가는 곳에 길이 생겨나고

그 길 위에서 경제가 싹트고 문화가 자랍니다.

시흥사람, 시흥 땅,

그 소중한 땅 위에서 움튼 다양한 이야기들은

모두 보물이 되었습니다.

앞으로 얼마나 많은 이야기들이 쏟아져 나올지 기대가 됩니다.